中职学校导师制探索与实践

主　编　林卫兵　宋晓俏

副主编　文中成　冯友胜　陈卫红

WUHAN UNIVERSITY PRESS
武汉大学出版社

图书在版编目(CIP)数据

中职学校导师制探索与实践/林卫兵,宋晓俏主编.—武汉:武汉大学出版社,2023.9

ISBN 978-7-307-23934-0

Ⅰ.中…　Ⅱ.①林…　②宋…　Ⅲ.中等专业学校—导师制—研究
Ⅳ.G718.3

中国国家版本馆 CIP 数据核字(2023)第 155551 号

责任编辑:王智梅　　　责任校对:李孟潇　　　版式设计:马　佳

出版发行:**武汉大学出版社**　(430072　武昌　珞珈山)
(电子邮箱:cbs22@ whu.edu.cn　网址:www.wdp.com.cn)
印刷:武汉中远印务有限公司
开本:720×1000　1/16　印张:16.5　字数:266 千字　插页:3
版次:2023 年 9 月第 1 版　2023 年 9 月第 1 次印刷
ISBN 978-7-307-23934-0　定价:60.00 元

林卫兵，湖北当阳人，1967年生，现为当阳市职业技术教育中心党委书记、校长，正高级教师，理学学士，宜昌市杰出校长，湖北省中等职业学校语文中心组组长。

宋晓俏，1969年生，副高级讲师，当阳市职业技术教育中心党委委员、副校长，“湖北省学校文化建设先进个人”“宜昌市德育工作先进个人”。担任《中等职业学校试用教材·数学》副主编，研究课题分别获湖北省优秀奖、宜昌市一等奖，参加全国教师教学设计创意大赛获一等奖，多篇论文在各级刊物发表。

《中职学校导师制探索与实践》编委会

主　编　林卫兵　宋晓俏

副主编　文中成　冯友胜　陈卫红

编委会　(以姓氏笔画为序)

于新刚　文光常　邓广青　王怀彬　王　平　王世军
艾廷炎　卢　萍　田　原　付彦静　代巧玲　冯立新
朱大华　朱华民　朱凤梅　刘春平　刘黎明　刘远志
刘　乐　刘　沛　齐振奉　纪振兴　杨远红　杨金明
李胜华　李万斌　李　斌　李　锐　肖　萍　张爱群
张兰贵　张治钰　张玉巧　张　浩　杜利红　陈小贝
陈玉芬　岳联合　周晓珊　郑玉荣　郑玉尼　胡孝林
饶飞云　徐向东　徐实敬　徐　涛　曹良晶　曹　萍
程　园　鲁　卫　曾爱华　魏　艳

序言：
职业教育新型师生关系的成功探索

李向农

一

在全面推进教育高质量发展的进程中，基层学校有一大批教育工作者和学校管理者自觉地从教育的“大话”或“套话”中走出来，更多贴近学生的生活，贴近学生的家庭，贴近学生的心理发展需要。湖北省当阳市职教中心实行的“学生成长导师制”，在学生科及相应的班主任工作体系以外，成立一支“学生成长导师队伍”，主要任务是在学业上指导学生，在品德上教导学生，在生活上关心与帮助学生，在心理上爱护与辅导学生。学生成长导师与学生同读一本书，同台表演一个节目，同吃一顿饭，同回一趟家。在学校多年的专业引导与机制激励下，学校更多的教职工承担起培育学生的任务，担当起育人的职责，有的导师侧重在学业规划及人生规划方面指导学生，有的导师更加热心在理想上激励学生，有的导师特别注重在校园人际关系方面引导学生，有的导师擅长在心理与人格方面栽培学生。

在实施导师制工作的成熟阶段，有的导师本身就是专业教学的名师，对学生的技能培养与人生理想教育相结合。有的导师多才多艺，经常创设交流与展示的平台让学生担任主角，从而锻炼学生，让学生发现自我、设计自我。有的导师特别富有温情与耐心，经常到学生家庭走访或慰问，对学生体贴关爱，和学生家长组成“教育共同体”。一名导师发现自己负责指导的学生经常缺课，学习不在状态。这名导师没有简单粗暴地批评学生，而是决定家访。学生的家离城区很远，在几十公里以外的山区，尚在修公路。这位导师在家访途中只得步行近十公里，最后坐农用拖拉机赶赴学生家。这名学生的父母长年在外地打工，家中只有患病的祖父祖母，特别需要孙子照顾，这名学生为此花费了大量的时间与精力。了解到学生家庭的真实状况，导师对学生产生深刻的同情与真诚的尊重。

当阳市职教中心为了推行“学生成长导师制”，精心设计，积极运作，循序渐进，科学反思，细致探究，使导师制成为内涵深厚、运行有效的育人体系。第一，在学校领导层面，不断提高设计质量，使导师的“规定动作”更加合理可行，使导师的“自选动作”更加丰富多彩。第二，学校设有专门的部门督办推进导师工作，专项考核简单易行。第三，全体教职工乐于奉献，以能当导师为荣，以当好导师为傲。特别让人欣慰的是，当阳市职教中心有一个青年教师群体，他们非常稳定地在该校谋求职业生涯的进步，比较满意自己的事业发展状态。他们反映，一定程度上，“学生成长导师制”促进他们发现了教育事业的乐趣，发现了教育人生的价值。“学生成长导师制”正在成为青年教师的精神文化基座，正在成为当阳市职教中心的核心文化基石。这也成为教师专业化发展的另外一条途径。

二

当阳职教人十年如一日，孜孜不倦地坚持实行“学生成长导师制”，实质上是追求构建一种新型师生关系。正确的良善的师生关系本身就是一种教育资源，构成一种持久的教育力量。在体制性教育结构的惯性作用下，学校领导人与教师容易在一种非教育的外力影响下忽视正常的师生关系。“学生成长导师制”的制度创设初衷就是要让师生关系回归教育本位，回到人才成长的原点，回到学校工作的原点。教育的初心是爱护人与培育人，师生关系的精髓是情感与信任，师生关系的可靠形态是陪伴关系与联合活动(共同成长)关系。学生成长导师制通过一系列的工作规范指引与作业流程标准，促进教师认识教育的宗旨，认识师生关系的要义，从而掌握导师工作方法的根本要领。在导师们构建正确师生关系的同时，学校与家庭的良好关系相应地得以强化。

学生成长导师制的价值基座是爱的教育。陪伴与爱护，这是教育实践的本原造型。爱是人生智慧的源头，爱是专业才能的源头，爱是社会普遍理性的源头。教育机构及教育工作者如何向学生展示深沉而真诚的爱心？这是任何一种教育模式都必须思考的出发点和落脚点。对学生的生存背景有同情，对学生的发展前景有信心，对学生成长的家庭环境与社会环境有洞察，这是教育之爱的主要内涵。当阳职教人以实际行动创造一篇又一篇“爱的传奇”：有学生在受委屈后找导师倾诉，导师三番五次找相关人沟通，让受委屈的学生彻底释放负面情绪，有效化解恶性冲突。有学生因为外语基础差，学习外语总是困难重重，从而导致严重的心理疾患，导师不厌其烦帮助学生，让学生一点一滴地建立学好外语的信心，最后成为优等生。有学生与导师建立亲人般的关系，并且受导师人格感染与理性呼召，决定投身教育工作。

“学生成长导师制”的实行，让师生拥有更多联合行动与共同生活的机会。导师从学生的真实需要出发设计联合活动的场景，设计共同生活的情境。这是教育发生过程中最有效的“学生主体的方向与原则”，是教育工作者要聚精会神地投入真心诚意的课程。导师与学生同吃一顿饭，这是一种生活化的课程，是一种亲情化的课程。世界著名教育家杜威说：“在生活的情境中，学生能够深切地感到了解事实、观念、原则和问题的重要意义。”当阳市职教中心一名导师陈述，他和学生在新年联欢会上一同表演节目，从中看到了学生平时无法表现出来的能力和潜质。在排练过程中，当导师感觉困难的时候，学生反过来为导师加油鼓劲，让导师的内心受到震撼。在这种联合行动的场景中，共同的目标与愿景、共同的价值观与体认，自然地成为师生共同成长的优良精神资源与知识资源。

从职业教育特点来看，注重师生“联合行动与共同生活”更有专业上的意义。第一，职业教育更加需要“行动中的教育”。第二，职业教育更加需要在联合行动中建立信任关系。第三，职业教育更加需要在共同生活中培育出职业共识与行业尊严。

当阳市职教中心精心实施的“学生成长导师制”，在深层次上表现出学校教育的创造性。不必讳言，当下有很多学校(包括一些职业教育学校)，十分缺乏创新精神与时代文化的先进性，全社会的教育焦虑部分地来源于学校教育的墨守成规。什么是学校教育的创造性？在现实语境下，从可操作性与可实现性的角度看，学校教育的创造性主要包括以下三大方面：第一，学校教育的创造性体现在面对学生群体的教育教学方式创新，例如倡导小组合作学习、项目式学习、研究性学习等；第二，学校教育的创造性体现在对学生个体的品德培育与能力训练的内涵与形式创新，例如许多国际学校正在大力推行的领导力培养、STEM 课程等；第三，学校教育的创造性体现为追求创塑师生关系的现代精神素质，例如提倡自主教育，提倡以培养学生的自理能力与公民人格为主要目标的学生自治行动。当下，从学校的实际出发，“以生为本”的理念就是教育创造性的源头。以生为本，让全体学生得到自由全面的发展，是民主教育的同义词，是现代教育的标志语。从此意义上说，当阳市职教中心从推行“学生成长导师制”入手，带动一系列课程创新与教学项目创新，实际上是在现代职业教育的康庄大道上探索前进。

三

在当下教育改革创新的进程中，有许多教育家型的校长及教育工作者在勇敢探索、积极创建与扎实行动。如北京的李希贵、上海的冯恩洪及程红兵、四川的李镇西、江苏的唐江澎、云南的詹大年、湖北的王庆中及高正华、当阳市职教中心校长林卫兵等人士，他们的教育理念、教育风格及治校策略各领风骚，同时表现出一些共同的特征：第一，具有广阔的文化视野与深厚的教育情怀；第二，具有专业主义的精神，对待教育事业聚精会神，心无旁骛；第三，眼中有学生，心中装教师，常常念家长。

以这样的专业视野来检视林卫兵校长所带领的学生导师团队的行动，我们更能发现其可贵之处。首先，他们对待整体上显出文化课基础较差的学生群体，热心施教，持之以恒，久久为功，善作善成。这是一种富有热度的实践智慧，也是一种富有力度的教育韧劲。其次，他们全神贯注地坚持抓住一项关键的工作，实际上是在进行一项严肃的教育学课题实验研究，这是一种学校领导艺术与管理策略，更是一种富有远见卓识的学校发展战略。林卫兵校长带领团队真心付出，全体教师认真实践，校长更是真抓实干，而且做得更加耐心，更加专注，更加持久。他们以理念和实践为新时代职业教育事业壮美恢宏的画卷增光添彩。

对于学校运行而言，“学生成长导师制”是一种工作机制；对于教师专业发展而言，“学生成长导师制”是一种发挥自身能力的平台，是一种实行与探索的工作空间，是一种引领深度教育实践甚至引发社会文化发现与教育智慧升华的运行轨道。有志于在教育事业领域有所作为的人士，通过导师工作更多地理解受教育者，同时也更加清晰地发现作为一名普通教育工作者的崭新作业面，更加准确地发现育人工作的有效作用点，从而实现教育工作者的“自我发现”与“自我发展”。

在实施导师制的丰富活动与丰富经历中，有的文化课教师发现，将科任教师角色与导师角色结合起来，学生充分地表现出“亲其师，信其道”。有的专业课教师，如汽修专业的教师和服装设计专业的教师，看到自己行使导师职责后，学生更能专心致志地学习技能，长期保持行业的热情度与审美度，而且在全省技能大赛中勇夺大奖。

从实践效果的维度来说，“学生成长导师制”为广大教师提供了积极发挥与自由探索的宝贵空间，为优秀教师发挥首创精神提供了优越的促进与激励机制。有了这样一种可贵的教育探索的经验积累，我们就能够在当阳职教人的成功经验上继续思索：千百万普通教育工作者，他们在日常的育人工作中应该如何表现出主动探索的勇气与大胆实验的精神？如何实现育人工作的超越性与独创性？

当阳职教人带给我们至少三点“育人哲理”：第一，有效的育人工作一定不能脱离受教育者的具体生活环境，任何空洞的教条都无法代替让青少年产生优良情感反应与心理慰藉的生活情境。在对具体学生的生活环境的亲切感知与深度理解上，教育工作者最应该有系统的作为。第二，有效的育人工作只能在一种共同学习与共同提高的精神气氛下实现。导师与学生就某一个知识性的问题或者某一处技能性的难题，一起思索，共同操作，导师与学生形成真正的“学习共同体”，这样就能保证“浸透灵魂的教育”真实地发生。第三，导师对社会发展大趋势和行业发展态势有专业的分析与科学的判断，与学生交流并分享社会进步及行业发展的最新信息，促进学生形成有关社会建设与行业发展的光明的美好的心理图像，在极深的层次上帮助学生规划职业生涯。这是职业教育学校的一名导师在创造性工作方面可以达到的高峰。一方面，“学生成长导师制”为包括青年教师在内的全体教职工提供了积极探索的空间；另一方面，教师群体的生动实践与自由探索，一定能为“学生成长导师制”注入更加丰富的专业性、科学性和创造性元素，让“学生成长导师制”行稳致远。

四

理解学生成长导师制，主要是理解如何对待学生，如何构建新型师生关系，如何培育学生的积极生活态度与健康人格。在培养学生的正确生活态度与健康人格方面，当下成功的教育家们有共同的价值取向与行为风格。第一，关注学生的家庭成长背景。第二，重视发扬民族传统文化精神，同时博览群书，如饥似渴地吸纳全人类文明成果，自觉做到“让校园成为汇聚一切美好事物的中心”。第三，爱心育人，真情动人，教在其中。林卫兵校长带领全体教师干的工作，本质上是为我们国家走向更加高位的现代化积蓄智力优势。他们和千千万万教育工作者一道，为我们民族培养普遍的社会理性作了有力的铺垫。

总结、研究“学生成长导师制”，我们的教育价值追求目标何在？我们在细致探究“学生成长导师制”时，自然发现一种教育家主体精神，发现林卫兵校长及团队的思索与行动具有可贵的创造性。他们对学生的深刻关怀，对学生的尊重与爱护，远大指向是为未来社会培植健康的社会情感、强健的民族心理和刚正的公民人格。这个培养目标与新修订的《中华人民共和国职业教育法》对职业教育的定义完全合拍：“培养高素质技术技能人才，使受教育者具备从事某种职业或者实现职业发展所需要的职业道德、科学文化与专业知识、技术技能等职业综合素质和行动能力而实施的教育，包括职业学校教育和职业培训。”为了充分实现这样崇高的教育目标，我们看到，在“学生成长导师制”操作领域里的教导策略、教导材料、教导方式上还有十分广阔的探索空间。未来，当阳市职教中心的导师团队，特别是年轻一代的导师群体，完全有可能在前十年扎实工作的基础上，构建更加科学的育人体系，结出更加耀眼的育人成果。

当阳职教人的主动探索与成功实践，促使我们再次将眼光聚焦于广大农村的发展地区，聚焦于那些在困境中生产生活并养育孩子的家庭，聚焦那些正在“广阔天地”生存、未来将成为国家建设者主体的青少年群体。当阳市职教中心长期坚持实行“学生成长导师制”，促使我们围绕这一教育经典案例生成有关当下教育真实情景的立体图像。我们应该像当阳职教人那样，更深刻地研究县域教育与乡村教育，关注并支持千千万万作为“教育单元”的底层家庭。这是我们研究“学生成长导师制”产生的学术附加值——一种有关教育社会学的沉重思索。当阳职教人实施导师制的显著成就鼓舞我们，对待青少年学生中的困难群体，教育工作者应该以真诚的心灵温暖学生，以细致的关爱抚慰学生，以专业的技能引领学生，以普遍的社会理性浇灌学生。

从有利于学生成长的角度去思考学校的一切工作，思考学校组织机理的建设与学校工作功能提升，从而产生一种长期有效的学校组织运行机制与发展模式，这是在“学生成长导师制”成功运行十年后，我们可以从其中得出的一种有关学校管理学的鲜活启示。

（**李向农**，华中师范大学原副校长，教授，博士生导师）

目　录

基础理论篇

思想引导篇

学业辅导篇

心理疏导篇

生活指导篇

附录

基础理论篇

10 年来，当阳市职教中心召开“导师制”专题会议 25 次，全体导师与学生个别谈话累计 10 万余次，进寝室指导学生生活 21540 余次，家访或电话联系家长 32340 余次，撰写的总结、论文、随感、案例 795 篇，其中 30 余篇在国家级、省市级刊物获奖或发表……这串闪光的数字，是当阳市职教中心“学生成长导师制”实践探索的印迹，是学校教育价值追求的生动表达。

这份成果是从土里长出来的，散发着泥土芬芳，凝聚着躬耕者的智慧和汗水。

问题即课题。实施“学生成长导师制”，是当阳市职教中心人基于现实审视、实践反思后的理性选择。觉察是行动的前提。“教师人人是导师，学生个个受关爱”，学校始终将学生成长作为教育改革的出发点和落脚点。

导师制是高等学校教师对学生进行个别指导的普遍性做法，在中职学校实施“导师制”比较少见。于浮躁与喧嚣下，学校不是跟风喊口号，图一时新鲜，能十年如一日潜心深耕，实属稀罕，这是学生们的福祉。这份笃定与坚持，源于当阳职教人的教育良知和实践的自信。

“三全育人”知易行难，往往是：“喊得响、动得慢”，学校实施“学生成长导师制”，以制度形式明确学校、导师和学生三方责、权、利。“导师制”成为教与学的合同、师与生的契约，“三全育人”落地开花，花开有声。

实施“学生成长导师制”促进教师角色转变：教师从单一知识传授者向思想引领者、心理疏导者、生活帮助者、学习辅导者、家庭沟通者转变，“师泽如光，虽微致远”。

实施“学生成长导师制”促使师生关系重构：“半师半友半知己，半慕半尊半倾心”，教师以朋友、助手、导师和示范的角色与学生对话、交流和互动，构建“相遇”中的“我—你”关系，以关系滋养成长。

教育即影响，学校即氛围。10 年来，在当阳市职教中心教育现场，每年 150 名导师与 1700 多名学生双向奔赴，以生命影响生命，彼此成就，谱写生命华章。

用脚思考，用脑袋走路。问题导向，实践反思，当阳市职教中心将理论与实践相结合，以行动方式不断回答“学生成长导师制”的诸多理论问题。

这份源于十年实践的报告，从中我们可以看见坚守的力量和静候花开的蜕变。

（**张振笋**，教育部学校规划建设发展中心课程建设协同创新中心秘书长）

中职德育“学生成长导师制”模式的研究与实践

林卫兵

一、研究起源

现代教育信息化背景下的职业教育改革，追求学生的全面发展，倡导“以人为本、全员育人”的理念，强调满足每个学生不同的发展要求，让每一个学生都成为与众不同的唯一。中职学生素质参差不齐，难管难教，学校育人难度大，我们职业教育工作者深有感触。学校教育，德育为先、育人为本。中职学生正处在世界观、人生观、价值观形成的关键时期，坚持德育为先、育人为本更具有必要性和紧迫性。如何破解中职学校育人难题，探索新时期中职学校立德树人模式，成为摆在我们中职学校面前的重要课题。

“学生成长导师制”是适应学生不同需要和个体差异的有效形式。2012 年 8 月—2014 年 5 月，我校开始了先期试验性研究，2014 年 6 月，学校正式以“中职德育‘学生成长导师制’模式研究与实践”作为课题名称，成功申报宜昌市重点课题，同年 8 月，成功申报省级重点课题。

课题研究的程序：首先成立课题研究领导小组，接着进行成员分工，撰写开题报告，然后确定二级和三级子课题的研究内容及目标，明确研究技术路线，撰写二级和三级子课题研究报告及中期总结，最后，分析、梳理、归纳形成结题报告。

在课题领导小组的统一安排下，在每学期150名导师对1700多名学生受导的大量实践的基础上，召开导师工作培训会、研讨会和家长会，广泛征求师生及家长意见，走访家庭和企业，实地调查研究、查阅资料，收集课题相关资料，钻研已形成的理论成果，及时总结，及时反思，随时调整工作方法，使研究工作的时效性与理论性不断提高，形成了有价值的研究成果。

二、研究的主题部分

（一）研究的背景

我国经济的高速发展和各级政府的高度重视，让职业教育迎来了快速发展时期。国家对职业教育、对中职生的培养越来越重视。尤其是中等职业教育，已成为我国中等教育的一个重要的组成部分。

习近平总书记曾就加快职业教育发展作出重要指示。他强调，职业教育是国民教育体系和人力资源开发的重要组成部分，是广大青年打开通往成功成才大门的重要途径，肩负着培养多样化人才、传承技术技能、促进就业创业的重要职责，必须高度重视、加快发展；加快发展职业教育，让每个人都有出彩的机会。

时任国务院总理李克强同志要求，要用改革的办法把职业教育办好做大。统筹发挥好政府和市场作用，既要加大政府支持，又要通过政府购买服务等方式，更多促进社会力量参与，形成多元化的职业教育发展格局。要走校企结合、产教融合、突出实战和应用的办学路子，依托企业、贴近需求，建设和加强教学实训基地，打造具有鲜明职教特点、教练型的师资队伍。各级党委和政府要采取各种措施，关心和帮助职业教育工作者，推动社会各方形成合力，让现代职业教育助推经济社会取得更大、更好发展。

一方面是国家对职业教育、对中职生的培养越来越重视，另一方面是社会、家庭、部分职业学校的教师甚至中职生自己对职业教育、对中职生的认识还存在误区和偏差，认为职业教育是偏门，中职生很难成才。

从社会的角度看，受传统教育和社会多元文化下不同的价值观，以及学生家庭教育等现实问题的影响，升入职业学校的学生多是初中学业不具优势的学生，他们大多未得到应有的尊重，普遍具有思想不稳定、学习缺乏动力、生活缺少规律和良好习惯的特点，这与职业学校“培养思想品德优良、专业技能过硬、具有创新精神和实践能力的复合型实用人才”的办学方向相悖。这种客观存在的现实更加重了社会对职业教育认识的偏差和轻视。

从部分教师的角度看，传统的德育工作使学校德育日趋专人化，学校教育出现了两大新分工：学校德育主要是班主任、专业部、学生科的事；科任教师集中精力搞教学，甚至认为自己在德育方面没有责任，把德育推诿给班主任或专业部、学生科，在德育中的教育职能日渐弱化；特长学生的需求得不到充分发挥等。

中职学校的学生情况也出现了新的变化：学生绝大部分来自农村和城市中低收入家庭；大多为中考失利者，文化基础知识相对薄弱，行为习惯养成相对缺乏；部分学生法纪意识淡薄，遇事容易冲动。受传统观念的影响，进入职校是背负着来自家庭、社会鄙薄职业教育的精神压力的他们无奈的选择。职业学校学生流失现象由来已久，目前受普高升温的影响，职业学校招生困难，招收的学生素质较差，使学生流失更为严重。据统计，现在职业学校学生流失率均在15%以上，一些农村职业学校和办学条件相对落后的职业学校学生流失率在30%以上。学生的大量流失影响着学校声誉，职业学校办学面临着艰难境地。

当阳市职教中心是湖北省示范中职学校，但所面临的学生情况也不好：第一，学生文化基础较差，每年都是达不到一高、二高分数线的学生才来学校就读，从调查来看，98%以上的学生属于这种情况；第二，从地域分布来看，农村学生占绝大多数，城区学生只是少数，85%以上的学生属于农村学生；第三，从生源家庭情况来看，绝大多数是留守学生，父母常年在外打工，还有一部分来自离异家庭和残疾人家庭，学校留守学生比例达到了50%以上；第四，从当阳的计划生育工作来看，计划生育政策落实到位，绝大多数是独生子女，从小被家长娇惯，85%以上的学生属于独生子女；第五，部分学生是来自云南、四川等偏远地区的移民，家中子女多，父母迫于生计，没时间管理和教育孩子，这种移民学生目前在学校达到了15%。基于以上情况，学校学生普遍存在行为习惯差、学习能力差、自控能力弱、人际交往能力欠佳、心理素质较差、职业认知偏差大、耐挫及适应社会的能力差等特点。在新的形势下，如何坚持以人为本的理念，适应学生的个体需求，不断创新德育方法与内容，培养适应经济社会发展需要，具有良好的道德品质与公民素养，具有丰富的文化内涵和专业技能，具有较好的心理素质和人生规划能力的技能型人才，已经引起所有职业学校和德育工作者对不断探索和创新德育教学模式的高度重视。在这种情况下，学校开展了“学生成长导师制”的德育活动，进行“中职德育学生成长导师制模式研究与实践”的课题研究，就显得尤其必要。

（二）核心概念的界定

1. 导师

导师是高等学校指导教师的简称。课题所称导师是指：有目的、有系统地针对学生的个体差异，指导学生的思想、学习、生活与心理，启发才智和熏陶情操，使学生在德、智、体、美、劳等诸方面全面健康成长的优秀教师。

2. 导师制

“导师制”是一种教育制度，它与“学分制”“班建制”同为三大教育模式。“学生成长导师制”是指学校通过聘请本校优秀教师担当学生导师，遵从学生个体发展的需要和规律，是一种以引导学生正确认识自我、促进学生健康成长为目的的个别化教育模式，也是一种全面性和灵活性相结合的“全员育人、全方位育人、全过程育人”的德育管理模式。第一，它的管理是全方位的，即导师的选择是全方位的，它以全体教师为基础；受导的学生是全员的，它以全体在校学生为服务对象；导师的工作也是全方位的，不仅教书，更要育人；第二，它的实施进程是灵活的，课堂内外、校园内外、课间休息、午餐时间、体育活动……都有导师工作的身影；第三，它的评价是发展性的。

3. 学生成长导师制

“学生成长导师制”的出发点在于关注学生的整体成长发展，关注学生的精神生活质量与个性化学习需要，并力求体现两大特色：一是从导“学”走向导“育”，使教师从学生的“学业导师”变为“人生成长导师”；二是从导“生”走向导“师”，使教师自身从注重专业技能提高转变为注重综合素养的自我提升。通过推行“学生成长导师制”，形成平等的师生关系（师生人格平等、教育活动民主）、互动的教育形态（学科教学互动、思品养成互动）、多元的导师组织（校内全员组织、社区资源共助）、共进的发展目标（一切为了学生发展，为了学生的一切）。

“学生成长导师制”的内涵有以下两个基本点：一是发挥教师在教育、教学过程中的主导作用。教师的主导作用主要表现在对全体学生成长方向的引导及对学生学习途径和方法的指导。二是发挥学生在教育、教学过程中的主体作用。学生们的主体作用主要表现为：做学习活动的主人，用“主人”的姿态对待所有的学习活动；在教师的指导下积极主动、独立地学习，达到学会发展、全面发展、个性发展的目的。实施“学生成长导师制”的宗旨在于充分发挥教师和学生两方面的积极性，全面提高学生和教师的综合素质。

（三）国内外“学生成长导师制”研究概述

1. 国外研究现状

导师制最早出现于英国牛津大学的“新学院”。学院为每一组学生确定一名导师，导师和学生建立一种“师徒”关系。导师是学生所选科目的指导者，负责指导学生的学业和品行，协助学生安排学习计划，指导如何进行深入学习。这种教学促使学生对所学科目进行创造性思维，这是牛津教学体系中最值得称道的地方。牛津与剑桥在建校之初就实行导师制，事实证明，这一制度是行之有效的，培养了众多具有创新精神、成就卓越的人才。由于导师制在人才培养中的有效性，继牛津和剑桥之后，世界上许多国家的高等教育采用导师制。但由于经费和人力的限制，一般只在研究生教育中实行“导师制”。因此，从导师制的起源看，它最早出现在高等教育领域，并主要用于研究生教育，是作为一种侧重于对学生进行个别化学术指导的教学制度而存在的。此外，一些国家也在中等教育的某些特殊领域采用导师制，如英、美等国在中学职业指导过程中采用导师制，一些私立寄宿制小学尤其是进行宗教教育的学校对学生的生活指导也采用导师制，还有针对研究性学习项目或天才学生加强学习的导师制等。

2. 国内研究现状

近几年来，国内一些知名高校也开始在本科生教育中实行导师制。北京大学2002年已在本科生中试行导师制，浙江大学同年在本科生中全面实施导师制。但本科的导师制与研究生导师制相比有很大不同，如：北大提出的在本科生中实行的导师制，其职责有三：一是负责对学生进行政治思想方面的指导；二是对低年级学生给予从中学阶段到大学阶段学习方法的帮助；三是最重要的一点：给学生选择专业提出一些建议。

随着教育改革的不断深入，各中学都在积极探索如何把高等教育的导师制适当借鉴到中学阶段，并与传统的班主任制相结合，以更好地发挥育人效果。目前，全国范围内已经有许多中学开始试行“导师制”。“导师制”正在向广大中学生走来，如江苏省南京一中、山东省实验中学、上海市建平中学、湖北宜昌市第一中学等。

上述这些学校实施的导师制虽取得了较好的效果，但不难看出其关注的重点是导师对学生学业和学习能力的指导，而在学业指导的同时，如何有效地进行思想、生活、心理的分类指导或有针对性的道德品行的个别化辅导，则很少见到。而事实上，这才是导师制实施之真谛所在，以实现“教书育人”，为学生的健康成长创造条件。迄今为止，其中与“学生成长导师制”有关的具有普遍指导意义的研究成果不多。

与国内外的大学和普通高中相比，学校所实施的“学生成长导师制”的区别是：一是学校“学生成长导师制”是全体师生，即导师的选择是全方位的，它以全体教师为基础；受导的学生是全员的，它以全体在校学生为服务对象；而大学的导师是教师群体中的精英，受导学生主要是研究生、博士生；普通高中也一样，受导学生主要集中于优等生和部分问题生。二是导师的工作也是全方位的，不仅教书，更要育人；而大学和普通高中导师的工作主要集中于学业，而不是思想、学业、生活等全方位的。

（四）研究目标

（1）通过研究与实践，构建起适合中职教育和学生实际的“学生成长导师制”德育工作新模式，初步形成学校德育网络管理体系和德育工作机制，探索、整理、总结出“学生成长导师制”的基本工作内容和基本原则。

（2）通过研究与实践，建立起实施该模式的配套保障制度和考核评价标准。

（3）探索建立起科学、高效的“学生成长导师制”运行机制。

（五）研究内容

（1）中职学校实施学生成长导师制的必要性与可行性研究；

（2）学生成长导师制德育模式的内涵及其本质研究；

（3）实施学生成长导师制的原则、内容、方法及其策略研究；

（4）实施学生成长导师制的保障制度、考核评价标准研究；

（5）学生成长导师制的运行模式及其机制研究。

（六）研究方法

（1）文献研究方法。学习、研究关于导师制理论和最新动态，借鉴已有的理论成果，支撑和构建本课题的理论框架和方法论。

（2）调查研究方法。调查研究导师实施中出现的问题，及时调整研究思路。

（3）行动研究方法。在实践过程中，在自我反思、探究的基础上，采取相应理论方法改进实践行动。在行动中研究，在研究中行动，即理论——实践——反思——再实践——再反思。

此外，还运用专题研究、网上交流、案例分析等方法。

（七）实施步骤与技术路线

1. 实施步骤

研究周期为三年时间（2012 年 8 月—2015 年 10 月），共分三个研究阶段。

（1）先期试验阶段（2012 年 8 月—2013 年 12 月）：组建课题研究小组，制定完善课题研究方案及实施细则；准备课题的开题报告；对参加课题研究人员进行培训。

（2）研究阶段（2014 年 1 月—2015 年 6 月）：有组织、有计划地开展学习调研活动，分析调研当前中职学校实施学生成长导师制的必要性和可行性，摸清影响中职学生健康成长的重要因素，分析实施学生成长导师制的现状及存在的问题，探索和创新实施学生成长导师制的原则、内容、方法及其策略，从制度建设、导师队伍水平、考核评价标准等方面加以研究，从而构建起适应中职学校学生健康成长的德育运行模式及其机制。

（3）结题阶段（2015 年 6—10 月）：课题总结整理，分析研究材料，撰写结题研究报告，提请课题专家组进行鉴定、验收。

2. 技术路线

筹备。2012 年暑假，学校领导班子研讨制订了“学生成长导师制”的活动方案，并相继出台了《建立档案制》《谈心汇报制》《家访联络制》《寝室联系制》《安全保证制》《导师会诊制》《考核评价制》，并设置专项资金（学校每学期拿出近十万元的资金），进一步完善了学校“三线一体”“三育三全”“三校一室”“三位一体”的德育管理网络体系。

启动。每学期初，学校召开全体师生动员大会，解读方案，阐明意图，鼓励教师积极申报导师，学生积极配合导师，然后确定导师、学生分组，师生配对。

实施。整个实施过程分七步走。一是建立学生档案，全面、详细了解了学生及其家庭情况。二是加强与学生的沟通和交流，每月至少两次。三是深入学生寝室，关心学生生活，每周至少一次。四是家校结合，共同引导学生健康成长，每学期家访一次和每月电话联系家长一次。五是细致、认真填写《“学生成长导师制”工作手册》，并实施跟踪教育。六是加强导师队伍的培训。每学期初，召开全体导师工作培训会，聘请优秀导师介绍经验；每学期至少一次召开导师工作研讨会，总结经验，分析存在的问题，探索应对的策略；聘请当阳市、宜昌市专家和《湖北教育》责任编辑黄立明同志到学校指导导师工作。七是重视“学生成长导师制”的宣传报道和校本课程开发。充分利用校园网、电子显示屏、板报、标语、班团活动等加强宣传报道，积极向当阳市教育网、宜昌市教育网和《宜昌职教》《湖北教育》投稿，宣传学校德育品牌项目。同时学校相继开发了《心理健康》《语文早读》《英语早读》《毽球知识与技巧》等德育品牌项目校本教材，并利用早晚自习、第二课堂活动、班团活动长期开设这些课程，充分利用学生社团、社会实践、心理辅导和志愿者服务等形式多样，内容丰富的活动，积极开展主题教育，培养学生的各种素养和能力。

考核评价。学校对导师工作有严格而又科学的评价与考核机制，每月对导师采取定量与定性相结合的方式进行考核评价，每学期评出优秀导师进行表彰。

经验交流。每学期末召开一次导师工作经验交流会，评选出 10~12 名优秀导师，他们将自己导师工作经验体会制成 PPT，在会上与全体导师交流，大家相互讨论，取长补短，并将优秀导师的典型案例、论文汇编成册，下发每位导师，共同学习，以提升导师工作能力。

问题反思。每学期初召开一次导师工作研讨会，导师工作领导小组、课题研究小组、专业部主任和德育副主任、优秀导师齐聚一堂，针对导师工作中存在的问题和困惑，共同分析探讨，进一步完善导师工作方案，创新导师工作方法，提高导师工作效率。

三、研究实践

2012—2015 年以来，无论是在学校层面，还是在导师和课题研究小组层面，都做了大量的研究实践活动。其中，学校召开导师工作专题会议 25 余次，全体导师与学生个别谈话累计 10 万余次，进寝室指导学生生活 21540 余次，家访或电话联系家长 32340 余次，撰写的总结、论文、随感、案例 795 篇，其中 30 余篇在国家级、省市级刊物获奖或发表。尤其是课题研究小组在学生思想引导、学业指导、生活辅导、心理疏导等方面做了一系列行之有效的实践活动。

（一）思想引导

新时期，坚持教育改革与创新，继续深化教育理念，注重学生思想道德观念的科学培养，进一步引导学生树立正确的人生观和价值观，是实现当前中职教育科学发展的重要举措。因此，将学生的思想指导作为本研究的重要内容是十分必要的。

学校课题研究小组在学生思想方面进行了调查。据学生家庭住址的考察统计来看，城镇学生占 4.48%，农村学生占 86.19%，家住平原的占 45.43%，家住山区的占 55.05%；据学生父母工作和关系统计，学校 26.57%的学生父母在家务农，57.24%的父母外出打工，11.42%的父母职业是工人，其中 15.33%的学生是从外地来的移民，38.29%的学生父母离异，21.22%的学生是单亲家庭；51.25%是留守学生。据家里有几个孩子统计，86.29%的学生是独生子女，8.19%的学生家里有两个孩子，5.52%的学生家里有三个以上的孩子；据学生对职业教育的了解状况统计，2.76%的学生了解职业教育，29.62%的学生不了解职业教育，73.14%的学生对职业教育一知半解，70.00%的学生认为国家对职业教育和中职生重视，30.00%的学生认为国家对职业教育和中职生不重视。调查显示：

（1）学生绝大部分来自农村和城市中低收入家庭；大多为中考失利者，文化基础知识相对薄弱，行为习惯养成相对缺乏。

（2）从生源家庭情况来看，绝大多数是留守学生，父母常年在外打工，还有一部分来自离异家庭和残疾人家庭，从调查看，学校留守学生达到了 50%以上，从当阳的计划生育工作来看，计划生育政策落实到位，绝大多数是独生子女，从小被家长娇惯，从调查来看，学校85%以上的学生是属于独生子女。

(3)国家对职业教育、对中职生的培养越来越重视，另一方面是社会、家庭、部分职业学校的教师甚至中职生自己对职业教育、对中职生的认识还存在误区和偏差。

(4)当前中职学校思想教育存在的弊端，加强中职学生思想指导十分必要。

随着现代教育改革的不断深化，加强中职学生思想指导，学校导师主要采取了如下策略：

(1)更新思想教育观念，构建开放的思想教育理念，强化学生思想教育职能，提高学生的思想素质。

(2)拓展思想教育形式，坚持人本教育，遵循中职学生身心发展特点，注重思想教育形式的开发与应用，进一步加强未成年人思想道德建设，注重拓展和创建爱国主义教育的针对性、时代性和实效性，培养全面发展的建设人才。

(3)创新思想教育模式，加强学生现代职业道德观念培养，引导学生树立以诚信敬业为主旨的职业道德教育，引导学生在职业实践中提高职业道德的规范意识。

(4)引导学生自我管理，强调学生个性与集体观念的融合，强化中职学生法治观念与纪律意识，加强集体建设，发挥中职学生自我管理、自我教育、自我服务的作用，促进学生个性化与集体观念的融合。

(5)重视学生心理健康教育，有针对性、预防性地对学生进行心理健康教育。教师要自觉地学习有关心理学的知识，并应用到教育实践中。结合具体活动，适时、适当地开展心理健康教育，并以自身良好的心理素质影响学生。教师在从事教育教学活动时，要注意心理疏导，绝不能因为自身的错误言行导致学生心理健康状况的恶化甚至悲剧的发生。

(6)建立和谐民主平等的师生关系，构建师生平等交流的平台。

(二)学业辅导

近年来，中职学校尤其是农村中职学校的生源主要是“中考”的落榜生，这些学生大多升学无望就业无门(年龄小又无技能)，迫于家长的压力，无可奈何地进学校。他们学习目的模糊，学习动力不足，又没有养成良好的学习习惯，多因成绩不佳而失去自信。同样，因对学习信心不足，虽进入了新的学习环境，亦不能及时确立新的奋斗方向，常表现为消极失落，甚至玩世不恭，这给学校教育与管理带来一定困难。为此，将中职学生的“学业辅导”作为学校“学生成长导师制的实践与研究”的课题研究的重要内容之一是十分必要的。

1. 中职学校学生学业现状

(1)文化基础薄弱(见表1)

表1 2012—2014年当阳市职教中心招生初中学生中考成绩统计表

分数 时间	0~50分	51~100分	101~150分	151~200分	201~250分	251~300分	350分以上	合计
2012年	37	90	133	143	255	100	8	766
2013年	41	93	137	145	266	112	9	803
2014年	43	98	143	171	275	132	9	871

从表1的成绩统计可以看出，中职学校的学生普遍存在着文化基础知识水平偏低的问题。有些学生写字错别字连篇，不会写请假条，文化课测验分数较低等情况在学生中相当普遍。学校又为生存保证生源，招生几乎达到来者不拒，客观上进一步造成生源质量差、文化层次低的现状。他们对文化基础课，由听不懂到听不进，再到产生厌烦情绪，给中职教育教学工作带来了很大难度。

(2)厌学情绪浓厚

目前，中职学生厌学已成为一种非常普遍的现象，它严重影响到学校、班级的管理和教学质量的提高。从学生问卷调查表的结果来看：学生厌学的表现形式可谓是千奇百怪、五花八门，给学校管理、班级管理、教学工作等各方面带来了很大的困难，对于中职教学的发展、学生素质的提高造成一定的影响。

2. 中职学生文化基础薄弱、厌学情绪浓厚的成因分析

中职学生在学习过程中，多数存在对学习兴趣淡漠、厌学现象，通过调查和研究归纳出以下几个方面的原因：

(1)学习目标模糊。调查表明，80%中职学生对学习有“被逼无奈”的感觉，他们迫于家长的压力上学，没有学习目标，没有学习压力，没有学习动力，不能回答“我为什么来学习?”“我为什么要学习这个专业?”等一系列问题。

(2)缺乏学习兴趣。调查表明，90%以上的学生初中毕业时年龄在15岁左右，大部分中职生年龄结构偏小，知识结构偏低，接受能力不强，缺乏对现有专业和将来岗位性质的明确认识，大多数不能正常接受基础文化课素养再教育，在文化课学习方面普遍存在智力或心理障碍。

(3)学习自我监控能力低下。调查中，只有5%左右的学生能够自己制订学习目标，80%以上的学生基本不制订学习计划，这表明学生在学习中的自我监控能力较低，教学中有意识提高学生认知水平已迫在眉睫。

(4)人生态度比较消极。中等职业学校学生因为在中学一般属于“差生”“后进生”，是初中学校的“弱势群体”，90%以上的学生或多或少存在自卑心理。

(5)家庭教育具有重要影响。中职学生部分来自农村，其父母长期在外打工，孩子从小便生活在爷爷、奶奶或外公、外婆家，缺少父爱母爱，逐渐形成一些不良的心理及习惯，在学习上意志消沉，产生厌学情绪；同时，还有一部分破碎家庭子女，父母经常吵架、打架，家庭关系破裂，形成单亲家庭，对孩子身心造成莫大伤害，使学生感到自卑、压抑，进而对学习失去兴趣；再有一部分学生，家庭教育方法不当，或溺爱，对孩子的学习不管不问，放任自流，或严厉有余，对孩子成绩要求过高，加重学生心理负担，使其产生逆反心理，对学习厌倦。

3. 应对的策略

(1)导师应解放思想，转变观念，树立新的职业教育理念，引导和帮助学生

克服厌学情绪，培养和激发学生的学习兴趣。

(2)坚持以人为本，充分发挥导师的“导”的作用。

(3)加强专业思想教育，培育工匠精神。

(4)强化技能训练，突出实践性教学，提高学生的操作技能和动手能力。

(5)强化基础知识教学，注重能力训练。

(三)生活指导

生活自理能力指人们在生活中自己照顾自己的行为，主要包括：在生活上能自己处理日常生活琐事，如做饭、打扫卫生、购物、学习；在人际关系上能处理好人事关系，独立处理一些事务；在心态上能独立承受各种压力；在学习上能独立思考、独立理解。培养中职生生活自理能力是知识经济时代提高中职生生存和发展能力的需要，也是培养中职生创新精神和实践的需要。

课题研究小组通过家访、深入学生寝室指导学生生活和问卷调查统计得出：93.52%学生的生活来源靠父母提供，51.81%的学生生活自理能力较差，50.67%的学生在日常生活中的起居饮食由父母代劳，53.52%的学生需要他人帮忙打理个人卫生，54%的学生不知道怎么去处理朋友之间的分歧和矛盾，43.43%的学生父母只注重孩子自理能力个别方面的引导，58.29%学生能够做家务，9.33%学生基本不会做家务，44.38%的学生父母不注重培养学生的自理能力。调查显示：

(1)家长对子女的学习成绩期望值高，再加上初中阶段学习负担重，家长过度溺爱，学生的日常生活几乎全部由家长包办代替，孩子过着“衣来伸手，饭来张口”的生活。

(2)生活来源主要靠父母提供，小部分来自学生寒暑假打零工所得报酬。缺乏对合理消费的重要性的认识。

(3)部分人存在着人格缺陷。如缺乏生活阅历，生活自理能力差，依赖性强；心理表现不成熟，缺乏坚韧不拔的意志；任性，我行我素，不顾其他人的感受；自私褊狭，难以与人交往，难以适应集体生活。

(4)学习自觉性差，学习目的不明确，思想不统一，缺乏自信心，存在悲观情绪、沉沦情绪，学习和表现为麻木状态；学习缺乏主动性、刻苦钻研精神，学习纪律涣散；学习基础差，没兴趣，有的缺课、逃课，对课程学习缺乏热情；学习习惯差：缺乏自主学习意识，上课看闲书、说闲话，用手机发短信、玩游戏等。

(5)中职学生普遍缺乏文明的生活习惯，生活自理能力不强。如：宿舍卫生差，动手能力差；就寝时间随意性强；饮食习惯不好，随意花钱现象严重，某些学生有吸烟酗酒现象。

(6)中职学生普遍缺乏吃苦耐劳的生存和创业精神。

针对上述中职学生存在的问题，我们采取了"九个培养"的对策：

1. 培养学生良好的生活习惯
2. 培养学生养成良好的生活节奏的习惯
3. 培养学生积极参加文体活动的习惯
4. 培养学生自觉读书的好习惯
5. 培养学生良好的饮食习惯
6. 培养学生合理利用课余时间的习惯
7. 培养学生改正和预防不良习惯的习惯
8. 培养学生学会"理财"的习惯
9. 培养学生学会处理日常事务的习惯

(四)心理疏导

中职生正处于半幼稚半成熟的"心理断乳期"。根据相关调查得知，65%左右的中职生心理健康水平较差，10%左右的心理健康水平很差，20%左右的中职生心理健康水平较高，只有5%左右的中职生心理健康水平很高。这说明大部分中职生心理健康存在一些问题，只有少部分中职生心理健康水平较高，这就需要我们提出具体的措施提高中职生的心理健康水平。学校也有不少学生存在心理上的偏差，学生的厌学情绪、网络成瘾和人际关系障碍相当突出等。因此中职学生普遍存在着如下心理问题：

(1)缺乏自信心，失落和自卑感强。

(2)环境适应能力较差。

(3)人际交往心理不健全。

(4)情感关注与把握不当。

(5)学习心理不健康。

针对中职学生上述心理问，我们采取了如下对策：

(1)正面引导，提高认识。

(2)走近学生，感化学生。

(3)关注学生，鼓励学生。

(4)疏导学生情感，做学生知己。

四、研究成果

经过三年的实践探索和不断创新，学校“学生成长导师制”这一德育模式取得了阶段性成效。

(一)构建了适合中职教育和学生实际的“学生成长导师制”德育工作新模式

1. 初步形成德育网络管理体系和德育工作机制

学校从 2012 年秋季学期就开始推行“学生成长导师制”活动，在不断向纵深探索研究发展的过程中，建立健全了学校“三线、三制、三位一体”(“三线”即主导线，为学校德育工作领导小组—学生科、团委—专业管理部—班主任，主体线为团委、学生会—团支部、班委会—学生，主控线为学校值日领导、值日教师，学生科、专业部领导。“三制”即学生成长导师制、首遇责任制和校本“8S”管理制。“三位一体”即学校、家庭、社会德育管理体系，形成了“三全”育人工作新格局。

2. 总结出“学生成长导师制”的基本工作内容

其基本内容概括为：一个中心，两种角色，三字真经，四导核心，五者关系。即坚持以学生为中心，把握教师与导师的角色转换，从学业教师转变为人生成长的导师，导师工作要多念“责、情、实”三字真经(责就是责任，育人的责任，具有较强的责任心，用负责的态度去工作；情就是真情待人，情感化人，与学生、家长建立友情；实就是工作务实，实在实干，教育学生注重实际，有针对性，记载翔实)，四“导”是导师制的核心内容，就是思想上引导、学业上辅导、生活上指导、心理上疏导，正确处理好导师、学生、家长、班主任、学校五者之间的关系。

(二)建立了实施该模式的配套保障制度和考核评价标准

1. 配套保障制度

建立档案制度。对每位学生建立成长记录档案，追踪学生成长轨迹。内容包括：学生家庭及社会关系详细情况；学生的个性特征、行为习惯、道德素养、兴趣爱好的一般状况；学生心理、生理、身体健康状况等，这些信息应在活动之初采集。同时，根据活动要求，与学生有关的各种资料也应完备并进入档案袋，作为考核的依据。

谈心汇报制度。导师每两周至少与结对学生谈话交流一次，谈话应做好谈话记录。谈话一般个别进行，根据需要，也可以小组进行(同一导师的 2～3 人)。谈话记录内容包括：时间、地点、人员、谈话主题、谈话内容纪要、谈话后记及其他。要求学生每周一次向导师汇报学习生活情况。汇报一般用口头形式，根据需要也可以用书面、周记等形式。

家访联络制度。一般情况下，学校和导师应将导师制情况通报学生家长知晓，并希望得到家长的配合和协作，提高导师制的实效。导师每月至少一次电访，每学期至少一次家访。导师必须了解学生本人及其家庭情况，注重家庭背景和学生的思想、学业、心理相关分析，并给予切实的指导。电访和家访必须做好相应的记录。记录内容包括：联络时间、联络对象、联络形式(电访、家访)、联络主题、联络内容纪要、联络效果评估及其他。

寝室联系制度。两周内导师要深入寝室一至二次，检查学生的生活起居情况，指导学生如何打扫卫生，如何摆放生活用具，如何遵守寝室纪律。

安全保证制度。导师要对学生不断渗透安全意识教育，教育他们不要打架斗殴、不要携带管制刀具、不要私自外出，注意交通安全、饮食安全，慎重交友。导师每月要有谈话记录。

会诊制度。对于屡教不改、进步不大的学生，导师可邀请班主任、联系领导、家长、心理辅导教师共同对其会诊，商量教育对策，对症下药，督促他改正提高。

2. 考核评价标准

对导师的考核采取定量与定性相结合方式进行。

量化考核包括建立学生档案信息、谈话记录及各项工作要求，采取自评与互评的方式，确定导师的量化成绩。

定性考核包括班主任与任课教师及全班学生对受导学生的评价(优秀、有进步、变化不大)、学生及其家长对导师的评价(优秀、称职、不称职)，考核小组综合上述信息评定导师等级：优秀、合格、不合格。

考核小组每月对导师进行综合考核，计算公式为：

量化成绩×70%+等级分(优秀 30、合格 20、不合格 0)= 导师综合得分。

学校对导师工作给予津贴补助。学校总体投入是每人每月 100 元，根据导师综合得分评定 A、B、C 等，其中 A 等占 20%，给予津贴 120 元/人月，B 等占

60%，给予津贴 100 元/人月，C 等占 20%，给予津贴 80 元/人月。

（三）探索建立了科学、高效的“学生成长导师制”运行机制

1. 构建“全员育人、全方位育人、全过程育人”整体框架和操作模式

学校着力探索满足不同学生多样化发展需要，构建了“全员育人、全方位育人、全过程育人”的整体框架和操作模式。即教师个人“导育”和学校主题教育月、专题讲座集中“导育”有机结合。教师个人导育，每学期初，导师要制定切实可行的导育工作计划。导师要对所导育的学生进行学情分析，全面掌握学生的家庭、思想、学习、生活、心理情况并以此制订导育工作计划；学校主题教育月和专题讲座集中导育，学校每月安排一次主题教育月活动，拟订方案，设计具体目标、计划、措施，并每月总结评比表彰，同时，根据导师在工作过程中出现的具有普遍性的问题，把学生集中到一起，聘请社会知名人士进行专题导育。

2. 建立了导师选拔机制

根据教师申报和专业部的推荐，学生成长导师制领导小组考核确定导师。学生成长导师应具有坚定正确的政治方向，忠诚于党的教育事业，具有奉献精神，品德高尚，为人师表，热爱学生，责任心强，身心健康；导师应热爱学生，熟悉每个学生的学习目标、学习情况、兴趣爱好、特长、家庭状况等；帮助学生尽快适应学校的学习和生活，主动了解学生的各种困难，并给予切实可行的指导和帮助；关心学生的生活和身心健康，配合班主任做好学生的思想教育工作，及时对学生进行心理疏导，指导学生德、智、体、美、劳全面发展；引导学生明确学习目的和成才目标，注重学生职业能力的培养，促进学生知识、能力、素质的协调发展；帮助学生进行职业生涯规划，提高学生的职业适应能力，做好就业准备。导师可以以座谈、沙龙、兴趣小组等具体形式，通过即时通信工具、网络等载

体，开展经常性的、不定期的、有针对性的教育活动，力求形式“活”、内容“活”、方法“活”，鼓励学生积极主动与人生导师联系。

3. 明确了导师的职责

导师与学生共同制订切合学生实际的成长计划和导师工作方案。

导师对学生的思想、学习、生活、心理及其家庭有清晰的了解，并及时分析作出相关判断。答疑学生在发展过程中遇到的具体问题，帮助学生处理问题，依据学生的成长发展需要，探讨对策。每位导师在与学生谈话前，都要在摸清学情的基础上制订导师计划，做好充分的准备，提倡谈话备课，杜绝随意发挥，严禁信口开河。

导师要通过与学生谈心交流帮助学生树立健康向上的人生观、价值观，并指导学生解决学(实)习、生活中的实际问题，遇有特殊情况和有价值的建议或意见时，及时通过“谈话记录”向学校反馈，以便研究解决。导师在与学生谈话结束后，应层次分明地记述谈话的内容与过程，禁止三言两语草草而过，并及时整理“谈话记录”，按照学校要求及时上缴相关科室。

导师应经常走进学生寝室，指导学生生活，并随时指导学生合理安排课余生活，引导学生参加积极向上的文化娱乐活动。

导师应经常与家长联系或家访，了解学生在家生活情况，并向家长汇报学生在校表现，与家长共同制订学生成长计划。

要经常与其他教师进行联系，了解受导学生在其他课上的表现，并及时将学生在该科学习中存在的问题与该科教师沟通，与其协同帮助学生解决这些问题，使受导学生能取得全面进步。

导师要经常向班主任、专业教师及学生科、专业部交流受导学生教育转化的进展情况，并经常地进行工作反思。在日常谈话中发现问题，及时以导师谈话记录卡的形式反馈给学生科。在期末要做工作小结，及时总结工作中取得的成功经验和存在的不足，提出今后改进的措施，做好下一阶段的工作计划。

导师应该不断地学习教育学、心理学理论知识，不断更新教育理念，并不断地创新教育方法，巩固教育成果。

4. 确立了“学生成长导师制”工作的原则

个性化原则。学生是成长发展中具有差异性的生命体，承认学生之间的个性差异，善于发现个性、研究个性、发展个性，是导师工作的前提。教育的根本目的是教会学生学习怎样生存，怎样生活和怎样使生命有价值、有意义。如果在德育管理上，采用单一的形式、统一的标准，强调共性的德育环境下，将寻找不到学生真实的个性体现。为此，导师应该在“共性制约”与“个性释放”问题上进行认真的探讨，根据不同个性的学生设计不同的导师工作方案，包括指导思想，学生个性分析，实施的方法与步骤，预期所达到的目标以及教育反思或案例分析等，以此循序渐进地引导学生掌握行为准则，磨炼自己的意志，做出正确的自律行动，充分展示自己的个性，健全高尚的人格。

亲情化原则。著名教育家陶行知说过：“真的教育是心心相印的活动，唯有从心底里发出来，才能打到心的深处。”人类本质中最殷切的要求是渴望被肯定、被关爱，因此，导师应和学生建立民主平等的师生关系，尊重学生，和学生交朋友，给学生以父母般的关爱，成为学生的良师益友。

渐进性原则。导师的工作就是为了托起明天的太阳，导师所做的一切工作就是为了给每一个学生的未来打下良好的基础，让每个学生都能拥有灿烂的明天。可学生的成长是一个渐进的过程，更何况我们面临的大多是一些涉世未深的学生，他们对人生充满迷茫、疑惑乃至愤世嫉俗，如果转变问题学生很轻松的话，那就没有必要推行导师制了。这些问题学生也许听惯了家长的劝说，厌倦了老师苦口婆心的说教。笔者认为，世界上最好的教育是在不知不觉的谈话中获得的，所以导师更应该多倾注心血去教育他们，如果遇到挫折，我们就改变策略，甚至可以避重就轻，降低要求，给学生机会，也是给自己机会，不能刻意地要求他们，要允许他们有错，更要给他们以充裕的时间去改正错误。

实效性原则。加强过程管理，健全科学的评价机制，全面充分关爱学生，促进学生学会做人，学会求知，学会健体，学会生活，激励学生健康向上取得实效。

5. 建立了长效运行的评价机制

学校成立考核评价小组。具体职责是收集学生的档案资料、对导师工作进行检查与考核。

监督：学校成立考核评价小组负责对导师的谈话时间、地点、谈话内容(备课)，导师进寝室指导学生生活情况及联系家长或家访情况进行监督，平时主要是专业部领导进行监督检查，学生科抽查。

考核评价：学校每学期对工作业绩突出的导师进行表彰，颁发荣誉证书，享受学校优秀教师待遇，计入教师业务档案。对当月工作敷衍塞责、弄虚作假的导师提出批评警告，三次考核等级为不合格的导师取消其资格。受导学生当月发生重大安全事故，导师与班主任工作实行一票否决，不享受津贴。

(四)师资水平不断提高

1. 教师的教育观有了极大的转变

通过学生成长导师制的实施，导师们不断改变教育方式，克服了过去班主任和科任教师教育管理工作中的不足，学生的教育由过去的距离教育变为贴近教育，由粗放管理变为细致引导，特别是一些弱势学生在导师的细心教育和暖心感化下，思想观念、学习态度发生了质的变化。同时，导师们能正确地看待问题生，善于挖掘他们身上的闪光点，以一种更平和的心态去看待学生，从而让学生产生前所未有的信任感和成就感，促使其各方面都得到发展。很多导师感叹：学生成长导师制的实施实现了教师从重“教书”轻“育人”到“教书”与“育人”并举的教育方式转变，提升了教师的工作作风和责任意识，体现了现代职业教育的新理念。

2. 导师工作能力不断加强

学生成长导师制活动中，一方面，导师不断加强学习，努力提高自身的理论水平和业务能力，另一方面，学校每学期对导师培训两次，每个月对导师工作进行一次检查评比，进一步促进导师工作能力的提高。导师们在实践过程中撰写论文、家访随感、案例达1500余篇，其中朱华民老师的《七步曲奏美导师工作交响乐》在“全国教师教学设计与创意征文比赛”中获一等奖，宋晓俏等22名老师在2012年度“湖北省职教学会德育工作专业委员会”主办“优秀德育论文比赛”中分获一、二、三等奖及优秀奖，文中成等23名老师在2013年度“湖北省职教学会德育工作专业委员会”主办“优秀德育论文比赛”中分获一、二、三等奖，宋晓俏、朱华民等40多名老师的论文在国家级、省级和市级刊物上发表。汇编了4本《“学生成长导师制”经验材料汇编》，开发了《语文早读》《英语早读》等20本校本教材。

3. 德育形式更加丰富

学生成长导师制的实施，增强了教师的责任感和荣誉感，调动了教师的主观能动性，导师不断更新德育方法，主动优化教育方式，改变以往的单一批评、说教，拓展到采用交流谈心、联系寝室、家访、电话、QQ、微信等多种形式对学生进行人文关怀，这种个别化教育更能调动学生的积极性，把思想教育、心理健康教育、学业辅导、生活指导融为一体，让学生真正体会到成长的快乐。

4. 师生情感更加融洽

学生成长导师制的最大优点是它提供了学生与老师近距离交流的平台，符合因材施教的原则。在这个制度下，导师愿意花时间和精力去了解被导学生，学生也愿意把自己所思所想、内心苦恼向导师诉说。导师不是“居高临下”的“说教者”，而是以学生的朋友、参谋的身份与学生相处，坦诚以待，学生感到从未有过的可信，师生之间建立了积极平等的互动，尊重学生的个性，以谈心形式关注学生的整体生活，师生间的感情深厚。正如学生所说：“在学业上他们是老师，在生活上他们是我们的朋友，在人生的成长中，他们是我们的榜样和引路人。”导师以自身的经历传授给学生学习、人生的经验，让学生在成长中少走弯路。同时，他们让学生深切感受到了关爱，学会了感恩，学会了做人。

(五)学生综合素质不断提高

1. 充分发掘了学生的潜能

学生成长导师制的推行使这些在初中遭受冷落的学生得到了前所未有的尊重。“问题学生”在导师的感化下找回了信心，增强了学习的兴趣；一些平时教师无法顾及的中等生，也能受到导师的个别相助，从而加快了学生成长的步伐。

2. 有利于学生正确人生观的形成

导师以“朋友、倾听者、引导者”的角色出现在学生身边，根据他们的身心特征和个性特点，采用亲情化、个性化的方法和学生平等交流、探讨问题、引导他们自己解决困惑。这是一个“亲其师、乐其友、信其道”的过程，也是“润物无声”的过程，能缩短中学生和成人之间的心理距离，满足了与成人平等交流的愿望，从而使学生能以积极的心态看待问题，正确认识师长的期望和用心，并使之树立正确的人生观、世界观和价值观。

3. 学生学业成绩直线上升（见表 2~表 5）

表 2　近三年高考上线情况统计

时间		高职统考	技能高考	单招	合计
2013 年高考	本科	16	4		20
	高职高专	138	124	11	273
2014 年高考	本科	19	13		32
	高职高专	68	150	37	255
2015 年高考	本科		84		84
	高职高专		89	75	164

表3 近三年技能大赛获奖统计表

时间	宜昌市技能大赛				湖北省技能大赛				全国技能大赛			
	一等奖	二等奖	三等奖	合计	一等奖	二等奖	三等奖	合计	一等奖	二等奖	三等奖	合计
2013年	5	3	8	16	2	3	1	6	0	0	0	0
2014年	6	13	28	47	2	4	1	7	0	0	0	0
2015年	8	12	30	50	2	4	1	7	0	1	0	1

表4 近三年普通话测试统计表

时间	测试人数	二甲	二乙	三甲	合格率
2013年	766	21	253	451	94.6%
2014年	803	46	374	340	95.9%
2015年	871	87	405	362	98.1%

表5 近三年语文监测考试统计表

时间	参考人数	平均分	合格人数	合格率
2013年	766	60.9	601	78%
2014年	803	65.7	711	88.5%
2015年	871	67.6	816	93.6%

学校从2012年9月实施“学生成长导师制”以来，学生在导师精心的学业辅导下，学生成绩直线上升。如技能高考本科升学率从2013年的3%，上升到2014年的8%，2015年达到49%；宜昌市技能大赛一等奖人数由2013年的5人，增加到2014年的6人，2015年达到8人；普通话测试合格率从2013年的94.6%，上升到2014年的95.9%，2015年达到98.1%；语文监测考试合格率从2013年的78%，上升到2014年的88.5%，2015年达到93.6%。这些成绩均位于宜昌市同类学校前列，得到了上级主管部门的充分肯定。

（六）社会声誉不断提升

1. 学校校风校纪得到根本性转变

学生成长导师制的实施，构建起亲情校园，让学生进得来、坐得住、学得好、用得上，使学校德育工作上升到了一个新的台阶，学校各项工作硕果累累，学校面貌焕然一新。校方重大安全事故为零，学生违纪率由2012年的8%下降到2013年的5%、2014年的3%，2015年只有2%；学生流失率由2012年的11%下降到2013年的9%、2014年5%，2015年只有3%；我校新生招生人数在初中毕业生急剧减少的情况下不减，反而有很大程度的上升，电大招生人数也急剧增加，名列宜昌市前列，受到当阳市教育局、宜昌市教育局的充分肯定。

2. 学校育人模式得到社会的广泛的认可

当阳市教育网、宜昌市教育网分别对学校导师工作进行了题为《培育德育精品　打造职教特色》和《当阳市职教中心实施“学生成长导师制”》的报道。《湖北教育》责任编辑黄立明同志于2013年9月4日来校指导导师工作，说学校导师工作“极具创新性，切合职业教育德育形式，抓得实在，很有效果”，并说学校“找到一条面向社会宣传中职德育的切入点”，希望导师进一步从导师工作中“提升人格魅力，提升教育智慧，加强自我修养”，并在《湖北教育》中对学校的导师工作以《关注每一个学生的发展》为题进行长篇报道。公安县职教中心、襄阳市襄城职业技术教育中心等同类学校相继来到学校，学习和借鉴学校“学生成长导师制”的德育模式和经验。2014年，学校以“学生成长导师制”为德育品牌主题，成功申请并通过了宜昌市德育品牌学校的验收工作，成为宜昌市25所德育品牌学校中的唯一一所中职德育品牌学校。2015年，当阳市德育工作现场会在学校举行，会上，市政府领导和市教育局领导充分肯定了学校德育工作所取得的成绩，并将我校“学生成长导师制”这一德育模式作为学校德育工作的先进经验在全市全面推广。2012年以来，学校先后荣获“全国教师教学设计创意先进单位”“宜昌市全国计算机等级考试工作先进单位”“宜昌市开放教育教学管理工作先进单位”“宜昌市示范家长学校”“当阳市教育工作先进单位”“当阳市教育系统后勤工作先进单位”“当阳市平安校园”等称号，学校关工委荣获“当阳市教育系统‘五好’关工委”称号，学校网站荣获“湖北省基础教育系列（中职组）百佳学校网站”称号。

五、困惑与对策

（1）学生成长导师制如何真正落实“一个中心、两种角色、三字真经、四导核心、五者关系”，形成学校的德育特色，打造成学校的德育精品。导师制如何与班建制相互促进，提高德育工作实效。班建制是制度化管理，偏于“刚”；导师制是情感化人，偏于“柔”，如何做到刚柔相济。

（2）如何健全导师制工作的评价机制，落实导师制工作的检查与督促，完善其考核评价模式等。导师制操作过程中如何更具科学性。诸如如何勇于创新，充分挖掘“导”的方式方法，避免流于形式。

（3）由于学生和导师之间了解不够，致使导师学业指导工作存在盲目性，缺乏针对性和主动性。有些学生因为任课教师不够分的，只好让不给他们任课的教师担任导师，由于学生和非任课导师之间了解不够，致使导师工作存在盲目性，缺乏针对性和主动性，下一步我们要建立学情反馈卡，让导师全面了解学生，开展好全员育人导师制工作。

（4）学业评价标准很难做到统一规范。因为中职学校不同的专业之间很难有一个统一的评价标准，更何况有的专业本身就只有一个班级，这样就无法和其他专业进行比较，同时，每个导师只带几个学生，而学生的学业评价大多是以班级为单位进行比较评价的，所以导师之间就很难有一个规范统一的评价标准。下一步，要研究建立有针对性、实效性的评价体系，真正实现以评促导。

（5）导师聘用年限的问题。目前学校的导师聘用年限为一年，实施中有些导师反映时间太长，半年比较好，还有的导师反映两年比较好，一直送到学生毕业，到底多久，这还是个需要继续探讨的问题。还有“家庭不和给孩子带来的伤害，我们该如何帮助这类孩子”“中职学生的学习目标如何设定”“如何提高学生家长对孩子成长的关注意识”“如何发挥家长学校的作用，把学校和家长的沟通落到实处”等具体问题，也需要在以后的实践中加以摸索。

（本报告源自2012年8月—2015年8月《中职德育学生成长导师制模式研究与实践课题申报报告》）

加强情感沟通　和谐师生关系

宋晓俏

一、导师制实施的背景及活动纪实

在当前大变革大发展的时代，人民群众期待着良好的师德师风，家长、社会对学生成长的教育过程、教育质量尤为关注。当阳市职教中心为适应社会需求，创新了德育模式，推行“学生成长导师制”这一德育新模式，变被动说教为主动沟通，变堵为疏，使师生的对立关系通过沟通对话、情感交流变得融洽和谐。推行“学生成长导师制”的出发点在于关注每一个学生的健康成长和全面发展，关注学生的心理健康与个性化需要，促使学生养成良好的行为习惯，培养他们良好的交流合作能力，要求我们转变教师角色，审视学生的个性化需求，通过构建平等和谐的师生关系，实现学校教育从“导学”走向“导育”，使教师从“学业导师”变为“人生成长的导师”，充分发挥教师和学生两方面的积极性、创造性和内在潜力，进一步推动文明校园、平安校园、和谐校园建设。

根据实施方案，主要从导师与受导学生的沟通谈话、深入寝室指导学生整理内务以及与家长沟通交流(家访或电话交流)的次数与效果等环节进行考核。根据分工及安排，我受导 6 名学生，他们来自农村家庭，个性特征迥异。在实施一学年的过程中，我与他们正式沟通谈话 200 余次，与家长交流 90 余次，深入学生寝室 100 余次。通过实实在在的工作和真真切切的沟通，我与他们的距离拉近了，感情也深厚了，突出的感受就是：加强师生间的沟通交流，是促进师生情感正增长的重要手段，也是和谐师生关系的基石。

二、沟通的含义及原则

何谓沟通？沟通是指可理解的信息或思想在两个或两个以上人群中的传递或交换的过程，目的是激励或影响人的思想或行为。教师与学生的沟通，是了解学生的基础，是加深感情的桥梁。教师对学生的有效沟通，可以激励学生奋发向上，可以引导学生改正陋习。

教师都希望和自己的学生打成一片，保持一种正常、友好甚至是亲密、融洽的关系，可事实上学生却常自觉或不自觉地对自己的老师关起情感的大门。师生适当有效的沟通足可以改变教育，理想的师生关系离不开教师和学生的沟通。那我们在实际工作中如何和学生进行沟通呢？

(1)教师要培养自己的同理心。也有人将同理心称为换位、移情，是指站在学生的立场去了解学生的心理，理解他们的行为方式，在掌握造成某种状况原因的基础上，把你对学生的了解和感觉诚恳地说出来，并让学生理解、接受。

(2)教师对学生应该真诚赞美。其实，许多教师都已经知道要赞美学生。关键是如何赞美，怎样赞美才会发挥效用？太笼统、空泛的赞美(例如“你是个好学生”“你进步了”等)并不能起到促进作用。赞美要有针对性，也要有情境性，更要有创意。赞美学生，发现学生的闪光点是很重要的，在适当的场合运用合适的方式进行沟通，会起到意想不到的效果。

(3)接纳并尊重你的学生。接纳是一种心理品质，教师相信学生是一个有价值的人，并想尽一切办法让学生相信他自己是一个有价值的人。教师不要苛求学生先改正错误，变得完美才接受他，而是始终无条件地相信学生自己有朝好的方面去无限发展的可能性，这是接纳较完整的品质。尊重就是教师要尊重学生的人格，像对待自己的客人一样对待自己的学生，以诚相待。在处理问题、批评学生时，应就事论事、旁敲侧击、循循善诱，不要诋毁学生人格，才能赢得学生对老师的尊重。

三、师生有效沟通的效果

师生有效沟通，是教师打开学生心灵的“钥匙”。现在的学生有活泼的，也有封闭的；有理性的，也有倔犟的。教师如何走进学生内心世界？首先，教师要全面真实地了解学生，做到这一点，高高在上是不行的，要深入学生，了解他们的喜怒哀乐，熟悉他们的性格、爱好、兴趣，发现他们的闪光点及长处。其次，选择情境运用合适的方式沟通交流，可以拉家常，可以真诚赞美，可以传授学习方法，可以讲解做人道理，使师生熟悉度加强，情感加深，做到真诚互信，让学生感受到你的关心与真情，这样学生的心扉就会向老师敞开，知心的话儿就会向老师诉说。介绍一个案例：靳同学是一个很听话、学习也很刻苦的女孩子，但偶尔又表现得有点忧郁。去年秋季学期，学校安排我担任她的“成长导师”，在填写基本信息时，其父母栏只填写了父亲姓名，每次谈话她也笑脸相迎，相当配合，但谈及家庭情况时总是闪烁其词或避而不谈，我感觉肯定有问题。在此之后，上课让她主动回答问题，课后询问生活情况，嘘寒问暖，慢慢地她与我的距离近了，信任感逐步增强。期中考试召开家长会，她的小姑来了，当我问及其父母没来时，她吞吞吐吐，在我期许的眼神中，她欲言又止，我也一笑了之：“父母很忙，不要紧，你小姑回去会转达的。”家长会结束，她很快跑到我面前，支吾着说：“老师，我想告诉您一件事情，母亲在我两岁时就离家出走了，爸爸在贵州打工，我现在和70多岁的奶奶一起生活，今天只有请小姑来开家长会。”听了她的叙述，我明白了以前的种种情况，马上答道：“没关系，谢谢你的信任，有什么困难找我。”后来我经常找她谈心，询问学习生活情况，鼓励她自立自强，通过学习知识改变命运。现在她与我非常亲近，无话不说，也以饱满的精神状态、自信的心态投入高三复习备考。可见，要想打开学生心扉，真诚有效沟通，建立深厚师生情感是关键。

师生有效沟通，是激励学生奋发向上的“催化剂”。学生的学习动机，有内因作用，自己有学习目标、人生目标，并为之努力奋斗。学生处于成长期，思维方式、行为习惯、意志品质存在不稳定性，需要外部力量的引导。教师与学生进行有效的沟通交流，就是一股强大力量。“亲其师而信其道”，可见情感也有迁移的功能，学生对教师的情感可以迁移到学习上，从而产生巨大的学习动机。老师的为人师表是他做人的标杆，老师讲述的做人道理他会作为人生的准则，老师传授的学习方法他会铭记于心，老师的批评教育他会虚心接受，老师的鼓励赞美他会转化为学习的动力。

沟通是桥梁，沟通是蜕变，沟通更是艺术。教师与学生的有效沟通，是促使学生健康成长的重要手段，是教师必备的一种技能。愿所有教师加强《教师专业标准》的学习，修身养性，了解学生，关爱学生，多沟通，少批评，多理解，少指责。师生亲近了，情感加深了，教师的教育就会事半功倍，美丽和谐的校园景象就会呈现在我们面前。

中职学生管理中实施导师制活动的思考

文中成

导师制是一种教育制度，与学分制、班建制同为三大教育模式。导师制最大特点是师生关系密切。导师不仅要指导学生的学习，还要指导学生的生活，进行德育，以更好地贯彻全员育人、全过程育人、全方位育人的现代教育理念，更好地适应素质教育的要求和人才培养目标的转变。

“学生成长导师制”是和班建制并行的管理制度，班主任负责班级管理，导师负责小组成员管理，班主任也是导师。全体导师既是学生学业发展上的导师，又是学生思想成长的引导者、生活上的指导者、心理上的疏导者，真正成为学生的良师益友。

一、导师制的现状

1. 导师制的提出背景和具体实施方法

我校组织以学生科为主的专班将全校学生分配给150名导师，每位导师与10名以内的学生结成对子。通过聊天、谈心的方式和学生沟通，在这个过程中，导师有意识地将心理健康的相关理论和操作技巧运用其中，利用行为科学可操作性的技术来纠正学生的问题行为，采取个案辅导、团体辅导等方式，监督其实施情况，帮助他们解决问题，改善人际关系，从而培养学生的健全人格。

为了保证导师制的顺利实施，学校制订了详细的实施方案。

(1)导师要在确立受导关系的一周内熟悉受导学生的各方面情况，包括学生品德、学业水平、身体素质、家庭和心理健康等，并填写好《学生成长记录手册》中的学生基本情况栏目。

(2)一周内与受导学生进行第一次谈话，按导师工作原则确立受导关系，并做好受导记录。

(3)确立受导关系后每周导师与学生至少进行一次谈话，了解学生本周的成长情况，解决受导学生存在的问题，如有必要可以做谈话记录。

(4)每次月考或期中考试后，导师必须与受导学生谈心，总结一个月以来的学习与生活情况，根据学生的学业水平的变化等内容填写受导记录。在每学期末，导师要反思与总结工作的经验与教训。

(5)每学期进行一次学生成长导师制学生问卷调查，在调查中，让学生对自己的导师在受导过程中的责任心、知识认知层面、谈话设计以及自己在思想、生活、心理、学业方面的收获等各个层次进行评价；学校根据学生成长导师制记录本记录情况进行打分，结合学生对导师评价情况对教师在学生成长导师制实施过程中进行评价，结果纳入年终考核中。

2. 实施过程中遇到的问题

(1)师生之间选择的针对性不够突出。有的学生文化成绩不够好，却给了专业课教师受导。有的老师可能业务能力突出但不善于做思想工作，对以谈话形式进行的导师制工作就感觉不能得心应手。

(2)教师对导师制的重视程度不够。为了应付检查，往往是集中找学生谈一谈话，走一下过场，或者检查前将《学生成长记录》匆忙地填一填。《学生成长记录》要求有谈话内容和学生感受，学生为了配合老师，只能根据老师记录的谈话内容编造出一些感受，这不仅没有达到教育学生的目的，反而将学生牵扯到造假活动中，产生了负面的影响。

(3)在导师制的实施过程中，学生一直处于被动地位，被要求选导师，被要求分配给某一位导师，被导师谈话，学生出现问题并不能主动找导师沟通，导师的谈话内容一般也只是围绕学习方面，其他方面很少涉及，这样并不能及时发现问题、解决问题。

(4)在评价方面，目前采用对受导学生问卷调查和依据《学生成长记录》记录情况进行打分两种方式进行，在问卷中学生一般不会给自己的导师打不及格的分数，因为导师同时也是自己的任课教师，中职生明白其中的利害关系，对《学生成长记录》的记录内容打分，“重量不重质”，只看记录本上的记录是多少，对中间的实施过程缺乏必要的监管，对学生的受导效果也缺乏有效的评估手段。

二、对导师制的建议

(1)不是所有的学生都需要导师。学校为全封闭寄宿制学校，每天学生生活在集体里，没有自己的空间，难免会与同学产生摩擦，有的同学可能在情绪上表现得比较明显，需要老师对其心理进行疏导，但是大多数学生可以通过沟通自己解决。另外，中职生的课业负担不重，一旦学生出现学习水平下降的状况，就需要相应的专业老师给予一定的指导。但是中职生智力发展已接近成熟，他们需要自己的活动空间。既然是以充分尊重学生为前提，最好以学生的需求为出发点，对于需要导师给予帮助的学生，可以为其提供受导服务，能够独立解决问题的学生，则给予他们充分的成长空间。

(2)不是所有的老师都适合当导师。“术业有专攻”，每个人都有自己擅长的地方。有的老师善于和学生谈心，能在谈话中抓住问题的关键；有的老师业务出众但不太擅长做思想工作，在这种情况下辅导学生就是对学生不负责任。导师肩负着在思想上引导学生、在学业上辅导学生、在心理上疏导学生、在生活上指导学生的重任，所以做导师需要有一定的资质，应该给导师设立一定的门槛，各方面表现突出并有一定的心理辅导能力的人才有资格担任导师。

(3)多次浅谈不如一次深谈。目前导师制的实施方法是每周谈一次话，每月每学期考试后必须谈话，时间不限，短至三五分钟几句话，让学生感受到老师的关爱即可，时间长度没有上限，但是从实际上讲一般不会超过 20 分钟，因为学生的课余时间有限，经过较多导师的实践，发现和学生谈话三五分钟解决不了实质性的问题，既不能对学生的思想观点产生一定的影响，也不能对学生的学习情况有详细的了解或指导，和学生的谈话不在于次数的多少而在于谈得是否透彻，即使不能谈一次就让学生受益终身，也要谈一次让学生有所体悟、有所收获。

(4)制定科学的评价标准，充分突出导师制的育人功能。导师制是学校教学活动的一种辅助手段，可以引进教学评价的标准，以具体目标为依据，按照科学的标准，运用一切有效的技术手段，对过程及结果进行测量，并给予价值判断。而目前的导师制评价只突出了过程，没有突出结果。实施导师制最根本的目的是促进学生的全面发展，所以用谈话的次数来衡量导师制的工作是缺乏科学依据的，应该从学生最终发展、成长的角度对导师工作进行评价。

谈中等职业学校学生成长导师制

王　平

当前，中等职业教育存在着学生思想复杂难教难管、专业基础差学习兴趣不高、道德品质有待提高，班主任工作压力大任务重、家长职业教育观片面等问题，都给中职学校的德育工作带来新的挑战。针对这些问题，学校实施“学生成长导师制”德育模式，凝聚全员教育力量，加强对中职生的全面引导和关爱，实现德技同步发展，培养高素质的技能型人才，社会反响良好。

一、教师双重身份，全员参与育人

教师即导师。每一位教师都具有双重身份，既是传统教学意义上的教师，又是对学生进行成长指导的导师，既有教书责任又有育人的职责，教与导高度组合，学校倡导“每一位教师都要做学生思想的导师、学习的导师、心理的导师、生活的导师”。教师充当学生成长导师参与指导工作，在学校责无旁贷，教师须与学校签订导育责任书。由于强调自发性和职责性，所以每一位教师都能做到主动转变角色，自觉把导育当成平常工作的一部分，避免角色冲突。

学校在导师制实施的过程中，通过对实践经验的不断总结，听取全校师生的意见、建议，不断构建和完善全员育人导师制的管理制度与实施框架，建立导师管理、测评、评优、补贴等各种制度。

德育不再是一个人(班主任)的事，而是全体教师(导师)的共同责任和义务。

班主任负责班级日常的班务管理，也要协调导师开展工作。导师负责从思想、学习、生活、心理等方面对学生进行指导，并且协助班主任开展其他方面的德育工作。这样形成一个同心圆式的班级德育模式，同心圈中班主任为主轴，导师为外援，协同作战，发挥合力，各种教育力量拧成一股绳。

2018 级计算机应用技术职业班 45 名学生，有 28 名学生的家长不在本地，有的随爷爷奶奶居住，有的寄居亲戚朋友家，学生普遍自律性不强，违纪率高，主要表现为蓄长发、上课打瞌睡、玩手机、作业不能够按时完成，有的甚至逃课、不请假外出、抽烟，班风班级差。针对这种情况，学生科召集专业部主任、班主任、科任教师开会，研究解决班级问题的办法，大家一直认为，必须加大学生成长导师制工作的力度，迅速深度介入学生的心灵，学生的家庭，学生学习的课堂，否则班级无凝聚力，可能会变成一盘散沙，废了学生，影响了学校声誉。

会议决定成立一名专业部主任牵头，班主任具体负责，科任教师参与的学生成长导师工作专班，每名教师负责导育 5 名学生，联系家长、探访学生家庭、填写资料，并利用课余时间逐个学生谈心，专业课教师加大成功学生案例的宣讲力度，帮助引导学生树立信心，加强日常生活关怀，尽量做到体贴入微。王同学家庭系外地移民迁入，父母在外打工，爷爷奶奶对他只管吃喝，不管教育，更谈不上前途理想教育、心理疏导，因此王同学自暴自弃，随波逐流。专业课王老师重点指导该学生，首先从生活上关心他，带他到食堂吃饭，购买了营养补品，去他家走访，与他爷爷奶奶沟通。每节专业课时都安排他动手操作，慢慢地他被王老师感化了，变得阳光、积极起来，向团组织递交了申请书，还带动了他周边的一批学生进步向上，每次上专业课，都由他在教室前集合学生，唱着歌列队到实训室。老师们看到学生的进步，都由衷地笑了。

从实践来看，每一位中职生大多乐意接受自身的受导角色，而且表现出一种急切欲望，极想成为导师指导的受益者，导师制与导师得到了全体学生的认可，同时也得到了教育行政主管部门及家长和社会的认可。

二、遵循教育规律，凸显导育成效

学生教育成长有一定的规律可循，在长期导育过程中进行了一些探索和研究，我认为要坚持以下原则：

一是坚持个性化培养。承认学生之间的个性化差异，善于发现个性，研究个性，发展个性，然后才能够做到有的放矢。

二是坚持亲情化感染。建立民主平等的师生关系，尊重学生，和学生交朋友，给学生以父母般的关爱，成为学生的良师益友，这样才能够得到学生的认可和认同。

三是注重渐进性规律。做任何事情均不可一蹴而就，遵循青少年学生的身心发展特点和认知水平，循序渐进地实施导育，激发他们学习的积极性和主动性，才能够收到事半功倍的效果。

四是注重突出实效性。强化导学过程管理，不断健全科学的评价机制，全面关爱学生，帮助学生学会做人，学会求知，健康体魄，认真生活，在学生的身心健康教育和专业技能教育上取得显著成效。

三、兼顾全面发展，注重德育为先

《中等职业学校德育大纲》中指出：中等职业学校德育是对学生进行思想、政治、道德、法律和心理健康的教育。它是中等职业学校教育工作的重要组成部分，与智育、体育、美育等彼此渗透，密切协调，对学生健康成长成才和学校工作具有重要的导向、动力和保证作用。中等职业学校必须把德育工作摆在素质教育的首要位置。对中职生来说，技术固然重要，但更重要的是做人，培养全面的可持续发展的技术人才。

2019 级机电技术应用专业学生小宋认为自己专业成绩好，上课纪律差，玩手机，还故意顶撞老师。专业部安排经验丰富的老教师张兰贵做他的导师，张老师多次找他谈心，告诉他专业成绩好是好事，但是首先是要学会做人，只有做好人，才能够做好事，张老师联系他的家长，商量对学生的教育方法，带学生到企业参观学习，请企业领导讲成功经历，实现校企协同育人。宋强变化非常大，立志做好一名蓝领，安排工作后，他迅速成长为一名骨干，与车间主任及班组同事的关系处理得十分融洽，受到了用人单位的好评。

四、坚持育人为本，实现德技双赢

1. 品德教育为先，培养健康人才

由于多方面的原因，中职教育似乎走入重技轻德的误区，导致部分中职生不同程度地存在着缺乏自信、学习动力不足、法治观念淡薄、社会责任感不强等问题。然而，作为未来的技术型人才，技与德从来都不是一个人的两极，而应高度融合。加强中职生的思想道德教育，具有战略性的现实意义。

学校实施全员育人导师制也可以说是对这种精神的贯彻。全员育人导师制虽然是一种德育模式，导育实践着重于中职生的思想道德培养，但并不是只局限于此，而是多维度引导，在思想、生活、心理对中职生进行指导之外兼顾学习方面的辅导。一直以来，社会舆论认为“中职学生的主要任务是学好技术”“学好技术走到哪里都不怕”，这给中职学生带来了一定的负面影响。学习技术固然重要，但随着社会经济的发展，一个人的职业道德对他的就业影响比技术更大，甚至决定他以后的工作成就。而在学校全体导师的努力下，学生对职业道德与技术能力的认识更全面，学校心理测试显示，他们的职业同一性逐步提高，职业承诺逐渐稳定。

2. 保证学生认同，德技同步发展

为实现培养德技双优人才，根据需要主动提供思想、学业、心理和生活四个方面的指导，从而保证导育没有漏洞。导育工作虽然强调的是德育培养，但并不忽视同学们学业进步方面的辅导，而且还应该作为导育的一项重点各种。在导育实践中，为保证德育双线培养的质量，学校在安排导师时坚持三个原则：一是导师必须是本班的任课教师，二是导师以专业课教师为主，三是按学生的需要分配导师。这样，让导师成为同学们身边的“亲人”，成为同学们心目中的榜样。

学生成长导师制实施以后，学校没有参加技能高考的班级班风班纪明显好转，学生违纪率、流失率降低，就业率稳定升高。计算机技术应用、电子商务、

高星级酒店服务、机电技术应用、护理等专业毕业学生成为就业市场的抢手人才；技能大赛获宜昌市、湖北省级奖励均居省市前列。这都得益于导师们潜移默化的育人工作，得益于对学生的动手操作能力、劳动精神、工匠精神的培养，都感悟到有了过硬的思想素质、担当精神、吃苦精神、专业技能，才能做到走遍天下服务社会。

五、结语

实践证明，在指导学生学习的同时，导师在道德品质方面起到了言传身教的效应，急于学技术的学生往往自觉把导师当成模仿学习的道德模范。经问卷调查，实施导育工作后，学校学生与导师的职业道德观念趋同性水平显著提高，学生普遍认同导师的职业观念，职业目标也逐渐坚定，走向成功的概率就会呈倍数增长。

“现代学徒制”人才培养模式下实现导学导评

刘远志　徐　涛

现代学徒制是将传统学徒培训与现代学校教育相结合的合作教育制度，其强大的人才培养功能和效率为世人所瞩目，因此成为很多国家经济发展和人力资源开发的重要战略。在我国，开展校企联合招生、联合培养的现代学徒制试点，探索和建立现代学徒制，对提高职业教育质量和促进青年就业具有重要的战略意义。

学校从2016年开始积极地探索现代学徒制的人才培养模式，和北京中德诺浩教育集团、湖北崇瑞教育咨询有限公司创办汽车运用与维修专业；目前汽车运用与维修专业校外实训、实习、就业基地共50余个，其中当阳本地26个、武汉汽车4S店20余个、北京汽车4S店5个。其中本地合作企业以当阳市飞达机车有限公司、当阳捷顺汽车服务有限公司、当阳飞腾汽车服务有限公司等为代表。与本地汽修企业建立长期的“师徒结对培养”模式，积极实践现代学徒制，努力实现“上课上班合一”“教师师傅合一”“教室与岗位合一”等校企融合的新型人才培养模式，通过这个模式来促进行业、企业参与职业教育人才培养全过程，实现专业设置与产业需求对接、课程内容与职业标准对接、教学过程与生产过程对接、毕业证书与职业资格证书对接、职业教育与终身学习对接，提高人才培养质量。现代学徒制模式下人才培养的整个过程都有学校导师和企业导师共同参与，双方共同制订人才培养方案，共同开发课程，共同教学，共同进行教学效果和学生学习效果的评价，人才培养的所有环节都实现了“双元化”，因此，针对现代学徒制的教学模式要制定各项标准，以标准来规范教学过程，把控教学质量，提升学生的职业操作技能，培养学生工匠精神，通过学习企业导师的榜样，引导学生树立专业思想，立志将自己培养成为技能型人才，不仅个人能够安身立命，学得一门本领，而且将来也能够为当阳的发展作出自己的贡献。

一、"现代学徒制"教学思路和原则

在现代学徒制的制度框架下，对学生的评价要贯通校企，全面体现于现代学徒制实施过程的各个学习和实践环节，建立以目标考核和发展性评价为核心的教学效果和学生学习效果的评价机制，促使学生向着既定目标努力发展，最终成为社会需要的人才。依据此思路，现代学徒制模式下的教学效果评价标准重点要体现以下原则。

(1)目标性原则。高素质创新型的技能人才是培养目标，在制定教学效果评价标准时要始终围绕这一目标。

(2)实时性原则。对工作过程中涉及的各个知识点和技能点的掌握情况要及时进行评价和监控，对技术掌握欠缺的学生要及时进行补充教学和学习，保证学生能完成工作过程中的各个任务，最终圆满完成整个项目，达到"准员工"的标准。

(3)全面性原则。在评价过程中引入第三方评价机制，对学生进行更全面的考核。

二、"现代学徒制"教学效果评价体系

现代学徒制模式下的教学方式、学生学习方式和传统的模式有很大的区别。学生具有"学生"和"员工"双重的身份，也拥有学校导师和企业导师两个导师，学生在完成基本学业的同时还要完成一定的生产任务，注重工作过程。现代学徒制模式下的教学评价更加注重教学过程和工作过程的评价，甚至引入了第三方评价，评价形式和内容多样化，而不仅仅以一次期末考试成绩来决定教学和学习的

效果，评价体系更注重评价的实时性、全面性。因此，开发一套能够适合学徒制模式下的考核评价体系显得尤为重要。

(1)多元化的评价主体现代学徒制模式下，一门课程的教学过程由学校导师和企业导师共同完成。学校导师负责课程标准中理论教学和实训部分的内容，企业导师负责教授学生企业生产实际中所需要的职业技能和职业素养，教学过程和工作过程合二为一。教学效果的评价基于工作过程，由学校导师和企业导师共同来完成，同时加入第三方评价，评价主体多元化(见图1)。

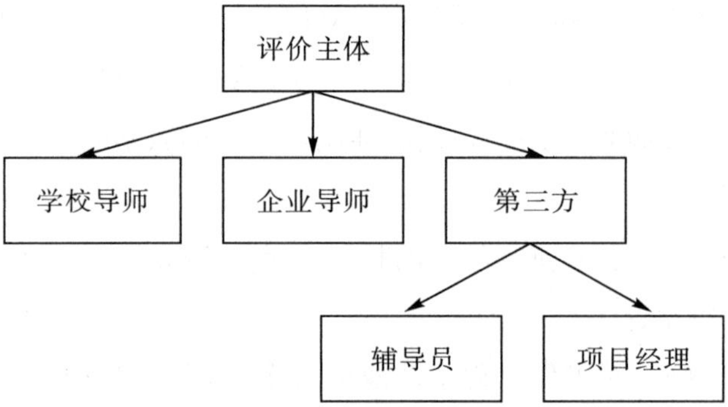

图1　评价主体

(2)评价内容和权重在基于工作过程教学的基础上，学校导师针对每一个工作任务完成基本理论知识、基本技能、基本素养的评价；企业导师针对相应的工作任务完成企业实际工作的职业技能和职业素养的评价；在工作任务全部完成后，由第三方进行整体的评价，如：辅导员评价、项目经理评价等。评价的内容和权重如表1所示，学生最后的成绩按照设定的标准进行计算。

表1　评价内容和权重

评价主体	评价内容	评价权重
学校导师	基本素养 基本知识和技能	0.3

续表

评价主体	评价内容	评价权重
企业导师	职业素养 职业技能	0.4
第三方	综合素质 综合技能	(辅导占 0.1, 项目经理占 0.2)

(3)评价指标根据企业和市场对人才的要求来设定详细的评价指标体系。学校导师、企业导师和第三方评价都包含素质评价和技能评价两个方面的详细指标(见表 2),不但注重学生工作技能、创新能力的培养,也要注重学生素质的提高,培养高素质创新型技能人才。

表 2　评价指标体系

评价内容	评价指标
基本素养	学习态度、上课纪律、分组讨论参与能力
基本知识和技能	工作任务中各个知识点和技能点掌握程度
职业素养	职业道德、敬业精神、团队协作和沟通能力
职业技能	工作技能点掌握程度、日志完成情况、创新能力
综合素质	生活态度、团结同学能力、服务大众能力
综合技能	任务完成能力、文档制作能力、自我表现能力

三、"现代学徒制"教学效果评价方式

现代学徒制模式下,教学效果的评价不再采用以一次期末考试看全部的形式,而是基于工作过程,采用多种形式的考核方式,使评价结果能真正全面地反映学生的真实情况,指导教师的教学和学生的发展。

1. 学校导师评价方式

在一个工作任务结束时，学校导师要依据该任务完成标准对学生进行评价，评价方式有以下几种：

(1)口试：任务结束时，教师根据任务中的知识点和重、难点对学生进行口试和现场打分。

(2)上机测试：完成该工作任务所需技能的测试。

(3)试卷测试：完成该工作任务所需技能理论知识和重难点的测试。

(4)日常考核：根据学生态度和听课情况对学生应具有的基本素养进行测试。

2. 企业导师评价方式

(1)口试：在实际工作任务结束时，企业导师根据工作要点对学生进行口试，考核学生对工作中技能和原理的掌握程度。

(2)成果作品考核：企业导师根据学生工作任务的完成情况或产生的成果作品进行考核。

(3)成果展示考核：在任务结束时，企业导师组织学生对自己所完成成果作品中涉及的理论知识和技能进行讲解展示，以此来评价学生的文档制作能力、讲解能力、沟通能力等。

(4)平时表现考核：根据学生日常工作表现对学生进行职业素养的评价。

3. 第三方评价方式

第三方评价主要包括辅导员对学生进行的评价和项目经理对学生进行的评价两部分。辅导员根据学生的日常表现，依据评分标准对学生进行打分；项目经理则采用面试和技能测试的形式对学生进行评价。在一个项目完成后，项目经理依据公司招聘相应岗位人才的标准对学生进行面试和技能测试，考核学生适应岗位能力的程度，同时也检测学校导师和企业导师共同培养的学生是否符合企业岗位的要求，是否需要调整相应的课程标准和人才培养方案等。面试可以单独面试，也可以采用群体面试的形式等，通过面试考核学生的职业素养，同时项目经理对学生进行技能测试，完成学生职业技能方面的考核和评价。

四、“现代学徒制”教学促进教学质量

针对“现代学徒制”模式下特殊的教学方式和学习方式，按照既定的培养目标来设定评价内容和详细的评价指标体系，将考核贯穿于教学和工作的全过程，对“教”与“学”进行全面、客观、科学、准确的评价，发挥考核的诊断、激励和引导作用。考核方式具有实时性，在一个工作任务完成时即进行技能和素质的评价，及时发现学生的问题，及时进行纠正，引导学生始终保持正确的学习方向和思想方向，努力工作，目标明确。这样的评价体系能够提高教学效果，促进学生有效地学习，创新工作，实现高素质创新型人才培养目标。

“现代学徒制”教学模式，融合理论实践教学，双方导师引导学生职业与文化发展，进行多元评价，其主要目的是利用各种方式和手段来检查培养的学生是否是合格的人才，同时，也对教师的教学效果进行检验。学校以“汽车运用与维修”专业为试点，践行现代学徒制模式下基于工作过程的教学评价体系和方式，提高了学生学习兴趣，增强了学生的解决实际问题的能力和实际操作能力，挖掘了学生的创新能力，提高了学生的综合素质，取得了良好的效果。利用该评价体系和方式，尽早地为企业进行了员工的培养和选拔，培养出来的合格学生可以直接作为企业的员工，为企业提供了方便，节省了资金。因此，校企合作“现代学徒制”模式下基于工作过程的评价体系和方式为学校、企业、教师、学生的共赢提供了支持，也为当阳市本地的经济发展与人才培养作出了一份贡献。

导师工作重在“导”

陈卫红

经过一年的导师工作，深有感触；觉得导师工作重在“导”，主要从以下四个方面小结自己的做法。

一、分类引导

学生的特殊性要求我们具体问题具体分析、分类引导，突出重点。有的学生自律意识强，行为习惯好，有较强的进取心，我引导他们制定职业生涯规划，指导学习；有的学生比较自卑，我主要培养他的自信心；有的学生比较聪明但自律意识差、贪玩，我主要培养他们的自律意识和良好行为习惯，强化理想前途意识；有的学生纪律意识淡薄，习惯差，以自我为中心，不接受教育，对人生社会看法偏激，我主要引导他们树立正确的世界观、价值观和人生观，让他们拥有一颗阳光心态，与人和谐相处，学会自律。

二、及时引导

抓住时机，及时引导，可以达到事半功倍的效果，否则就是“马后炮”。一方面，我时刻关注学生的情绪、行为的变化，通过观察和信息员提供的情况，及时进行疏导调解，防止了3次打架事件和1次住宿生夜出上网事件的发生。另一方面，我对学生的引导教育与学校、专业部、班级的教育活动保持一致，以便形成教育合力。在学校开展“主题教育月”“教室、寝室文化建设”“文明寝室创建”“运动会”“羽毛球赛”“跑操”等活动时，及时走进教室、寝室，参加学生活动，加以指导，收到了较好的教育效果。

三、用心引导

在交流的过程中，我发现学生的感受是“第一次新鲜，第二次疲倦，第三次厌烦”。有的总是叹气，有的横眉怒视，有的漫不经心，有的咬牙不语，有的作痛苦状，可见简单的说服教育、大而空的道理学生不喜欢。学生的这种抵触情绪促使我不断地更新交流沟通方式：挖掘闪光点、鼓励进步、散步谈心、参与活动、关心生活、榜样示范、家访交流、求助其他教师等。小童是比较典型的例子。叼着烟找我报名，夏令营期间每天与教官发生冲突，上课顶撞多名老师，还吼叫另外两位班主任、杜利红和饶飞云老师，当然与我说话从来没有好语气。鉴于这种情况，九月中旬我进行了一次家访，掌握了小童的一些基本情况：脾气暴躁，性格倔强，爱打抱不平，喜欢用武力解决问题，但有一定的正义感，自我意识强、不听教育、玩世不恭，不爱学习但爱打篮球；初二因与老师、学生打架休学至今初中未毕业。家长管不了，送到学校请老师们管一管。九月下旬外班同学闹矛盾，他帮忙调解，事后我问他有没有做人做事的是非标准和原则，他说他自己认为对就是对的，认为错就是错的，“人若犯我，我必犯人”，我反问他“别人没有犯你，你会怎样？听你妈妈说你爱打抱不平，说明你还是有一定的正义感，不过要注意方式”，他无语，我给他设定了底线“人不犯你，你不犯人”，提醒他遇事冷静、明辨是非，他勉强接受。同时，我表扬他篮球打得很好，很有运动天赋，鼓励他参加篮球小组，他有些高兴，后来就跟着严中华老师打球。偶尔，我也到场上和他打打球、谈谈心，谈到NBA时我说希尔是我的偶像，不仅球技好而且球德很好，很受人欢迎，队友和他在一起都很快乐，他若有所思。一次打球受伤请了好几天假，我打电话关心他，他有些感动，并对我说了声谢谢。我看到了希望，鼓励他康复后来参加运动会。就这样一段时间后，老师们都感受到了他的进步并给予了肯定和表扬。当然他的表现也是反反复复的，时而犯错，需要不断提醒、督促。一个教师团队的帮助引导使他进步显著。半年后，他不仅自己不打架了，还先后四次向我提供了同学打架、“擂肥”①的信息，对此我深感欣慰。

四、耐心引导

学生身上存在的问题大多由来已久，“冰冻三尺，非一日之寒”，做好学生工作想一蹴而就，轻松解决问题是不可能的，正所谓“欲速则不达”，要有耐心，反复抓，抓反复。

一年的导师工作算不上成功，但我做得更加坦然，更有耐心，更加踏实，尽心尽力，问心无愧。借用全国著名班主任李迪老师的话以共勉：很多时候，我们需要等待。即使孩子在学校时没有多大改观，只要他能感受到老师对他的关心，认识到我们言之有理，他的心里就会埋下一颗善的种子。一旦时机到来，这颗种子就会发芽，生长，开花，结果。

① 方言，泛指“敲诈勒索”。

导师工作"三步走"之我见

徐实敬

光阴似箭，转眼间一学期的导师工作已结束。四个月来，我们的导师工作有成功的喜悦，有深刻的教训。对自己导师工作的得与失，成功的经验、失败的教训，作一个阶段性的总结，以期进一步做好今后的学生指导工作。

一、转变观念，提高认识是做好导师工作的前提

我校是中等职业学校，生源大浪淘沙、参差不齐。我们的学生无论在思想上，还是在行为习惯上，相对于他们的同龄人来讲，都是有差距的，社会对他们的要求和他们自身的成长之间还有较大的距离，这些学生是既成熟又幼稚。为此，学校根据中等职业学校的校情，从社会、家长、学生的需要出发，结合学生实际，对学生进行个别跟踪辅导，密切中职师生关系，推行中职学生成长导师制工作。

有些同志认为，导师制只是形式上走走过场，对学生来讲没有什么实际意义。这些想法没有看到中职学校学生的实际情况，不懂教育教学规律，是违背学校推行导师制的初衷的。学校通过各种会议推行实施学生成长导师制，推选工作做得好的教师代表传授工作经验，应该对这些同志有一定程度的教育和启发。

经过四个多月的运行，学校大多数导师工作状况较好，育人效果明显。进一步表明学校推行学生成长导师制工作是正确的，让更多的教师参与关爱育人活

动。实践证明，要进一步推进学生成长导师制，首先得认识到开展这项工作的重要性，转变思想提高认识才是我们做好工作的重要前提。

二、深入实际，踏实工作是做好导师工作的必要手段

导师工作关键是做好学生的思想工作，做好学生的思想工作就是提高学生的政治觉悟。尤其是在中等职业学校实行导师制工作，不同于普通教育和高等教育环境下的导师制。中等职业学校的导师工作就是要求教师既要当好学生的思想和生活保姆，同时又还要求教师务必履行教书育人的职责。

在中等职业学校，推行导师制要求教师做好学生的保姆，就是时时关注关注每一个学生的身心健康发展，关心学生的饮食起居。在班级授课制度下，这些琐碎的工作一直落在班主任的肩上，很多事情往往把班主任压得喘不过气来。一些人为了完成任务马马虎虎或者敷衍了事，在这种情况下，再要求班主任做好工作肯定就是难上加难，就会出现应付差事的情况。实行导师制以后，学生的成长导师分担起对学生全方位的指导工作，这毫无疑问对学生的可持续发展更负责、更有利，工作必然更细致，也更有效。

学生成长导师是家长与其他教师特别是班主任之间的纽带，是父母在校的化身和替代人。他在受导学生心目中的地位及与学生的亲密程度要大大超过班主任和其他教师。也就是说导师是一个非常重要的角色。导师必须深入细致地做好疏导工作，只有将这种细致繁琐的教育引导工作落到实处，才能逐步推动导师工作顺利开展，才能逐步引导学生提高战胜困难的信心和决心，最终收获导师工作的良好效果。

三、及时反馈，对症下药是做好导师工作的基本方法

做好导师工作除了逐一落实细节工作之外，还有一个非常重要的方法，就是要因人而异，对症下药，及时解决每个学生的每个细小的问题。

在实际工作中常常遇到很多很棘手的问题，有些甚至是从事班主任工作很多年的老师有时都感到很无奈的问题，这需要我们导师及时思考或者调整自己的工作思路，适时研究和变换自己的教育手段，不断改进自己的教育方法。实际上这些工作很多就是导师积累育人经验的过程。如果我们不及时思考工作中的问题，帮助学生解决疑难杂症，有些时候我们的工作往往可能事与愿违。

经过导师反思之后，再有的放矢、对症下药，这个药方就是具体问题具体分析的方法论。这是我们对前人因材施教原则的具体应用和实施，因为分析病症的目的就是要治病，用药用量都必须根据实际情况，下中药还是西药，什么时候下药，下多少药等都必须因病施药，校正行为，治病救人。这才是最切合我们中职学校的实际情况的良好药方，这样做才能达到我们推行导师制开展教育工作的真止目的。

导师的工作实践告诉我们，千篇一律采用统一的教育疏导方法是极端错误的，只有用辩证的观点来指导导师工作，才能将我校学生思想工作进一步推进，才能接触和真正解决一些学生的思想问题和行为问题，才能引导学生一步一步走向我们教育的目标这个正道，实现学校推行学生成长导师制的初衷和教书育人的最终目的。

七部曲奏美导师工作交响乐

朱华民

要做一名学生成长中的好导师，就要真正与学生心灵相通，走进他们的心里，从思想、行为、生活、心理、学习等全方位去关心、爱护、帮助、引导所受导的每个学生，使他们充分发挥自己特长，积极上进，慢慢进步，逐渐成人。由此，导师就必须付出辛勤的劳动——做好导师工作七部曲。

一、全面了解学生是做好导师的首部曲——准备

学生刚进职校，做导师的得从学生的基本情况入手，全面了解学生，才能有的放矢教育帮助学生。其方法是科学制定表格，把学生个人及家庭状况、父母的文化程度、社会关系、交友状况、受教育环境、学生个人理想—情感—志趣—爱好—追求、学生来本校的目标等包括进去，让学生如实填写。然后教师认真阅读，尤其要细心了解和发现学生特殊的家庭状况，如是否问题家庭、是否单亲家庭、是否特困家庭、是否留守学生。对每位同学所填的情况进行核实和判断，同时还要加以保密。搞清楚学生情况后，导师就要仔细分析并做好翔实的记录以建立追踪档案，并对每位受导学生的情况了如指掌，为做一个好导师做好充分准备。

二、充分依靠家长是做好导师的二部曲——家访

适时与家长进行科学的沟通，可以更深入、更全面、更真实地了解学生。教育好学生就一定离不开家长的支持，就必须做到学校教育与家庭教育有机结合，因为家长才是学生人生里程中最重要的第一导师，他(她)的言行对学生起到潜移默化影响，直接关系到学生成长方向与效果。因此，我在接受受导学生后，通过学生填表中的家长联系方式，坚持每周适时采取下列方式与家长联系一次：一是双方电话交流；二是教师家访交流；三是家长校访交流；四是双方书信交流。导师与家长交流的内容：学生在家庭里的成长史，在家里的表现，家长眼里的孩子，家长的教育方法，学生做家务的态度，做家务的能力，与家人交流的方式，学生对学校教育的认识、看法，对导师制及导师的认识等。经过交流、沟通，我们导师与家长就能达成共识，找到教育孩子的好对策、好方法，导师教育引导学生就能轻车熟路，自然效果显著。

三、科学指导学生是做好导师的三部曲——方法

指导学生写日记，是为了让学生把自己生活、学习、交往中的喜怒哀乐、酸甜苦辣记录下来，好让老师从学生的日记中——主要是个人思想认识上较深层次地了解学生，了解学生的所作所为，知道他们天天在想什么，在做什么，都与什么样的同学在交往，在他们的生活里都发生了什么事，他们的看法是怎样的，他们思想的深浅度如何等。教师通过日记就能了解学生，在引导学生时就会选择恰当的方法，有的放矢，教育他们成人、成才。

四、真诚沟通学生是做好导师的四部曲——交友

教师只有真诚地与学生适时交流沟通，才能收到良好的教育效果。第一次见

面，教师的表情、语言、语气、声音、动作都要让学生感到轻松、自然、真诚——让学生喜欢上你；第二次和以后的交谈沟通要讲艺术、技巧、策略，要让学生感到你亲切和蔼、有才能、有气质——学生就愿意与你敞开思想；导师与学生交流后还应及时做好谈话日记，并认真分析记载内容，归纳总结谈话中的成功与失误，调整下次谈话的方式方法和策略，获得更好的教育效果。我与学生面谈一般分四步走：一是见面前教师针对每一个学生的家庭、社会环境，拟出简短的问话内容提要，这些话都要从关心学生的角度设计；二是交谈中引出话题后，只谈学生最感兴趣或最关心的话题，或对学生最有影响的人和事，要对学生产生很大的触动和影响力；三是加强感情投入，及时解决学生提到的实际问题和困难；四是谈话的结语中要隐含下次谈话内容或布置一些小任务等，如写日记、做小实验、参加体育锻炼及文艺活动、展示自己的爱好方面的作品等。同时与学生的交谈沟通应该是经常性的，有计划、有目的、有内容、讲科学，并与学生交朋友，让学生时时感到职业学校的温暖，才有动力，也才会与你真心交流。

五、课外引导学生是做好导师的五部曲——参与

受导学生最美好的情感，来自他们最真实的生活，做导师就要贴近学生，多与他们互动，参加他们的课外活动，如一起打球、踢球、写字、种花、讲故事等，在这些活动中发现学生的优点、长处、特长、爱好及追求。同时，了解学生最真实的生活，也来自导师自己的观察，还要多与受导学生的班主任及任课教师进行交流等。教师通过对学生的了解，就能发现这些受导孩子活泼向上，有热情，有追求，有礼貌，但做事不能坚持，性情又十分脆弱，经不起小小的折腾、打击或挫折，有时哪怕一句不中听而带责备的话都会使他们放弃学业。因此，导师只有在了解学生真实生活后，才能发现学生的优劣所在，才能在引导过程中制定相适应的方式方法来对受导学生的偏差进行矫正。

六、检查督导学生是做好导师的六部曲——关注

关注学生学习，从动态中了解学生，在学习目的、学习态度、学习方法上对学生加以指导，是做导师工作的重心。受导学生平时上课怎样，作业完成情况如何，考试成绩是否理想，专业上有何进步，是我们导师工作的重中之重。导师必须时时关心学生的学习状况、学习成绩才能有的放矢地指导学生学习。一星期或者半个月里，要与受导学生的每位任课教师沟通学生上课情况，要看看受导学生的作业完成情况，看学生做作业了没有，做的对不对，是否按时交作业了，任课教师对学生作业的批解情况等。了解了学生的学习状况，就及时在学习目的、学习态度、学习方法上加以科学指导学生，要求学生一步一个脚印，如此长期坚持不懈，就能使其慢慢进步，慢慢成才。

七、总结时赞扬肯定学生是做好导师的七部曲——收获

导师与受导学生交流一段时间后，便指导、要求他们一月写一次小结，从学习、生活、交友、对人对事的看法及评价方面进行小结。小结不一定全面，只写一个内容也可以，只要学生能总结出自己经历的事即可。从学生每月的个人小结、成长记载中，我发现学生的生活丰富多彩，且有思想、有新意，让我深深感悟到学生的内心世界是强大的、潜力无穷的，由此更深入地了解了学生，就能更有效地教育学生。随之进行正确的教育引导，就会使其迅速成长进步。当发现学生有小小的进步或较大的收获时，那就大加赞赏，反复肯定。当学生有收获感，怡然自乐时，我这个导师也深深地被感动了，且久久地陶醉其中。

这看起来很平凡的七部曲，要演奏好并却不容易，导师得付出巨大艰辛，要花时间，要用精力，要想办法，要费口舌，要跑路程，要受委屈。当然付出也有回报——那就是学生的顺利成长。一学期的导师工作结束，我的体会是：①做导师后学会了耐心、细心；②做导师后胸怀宽阔了，能容纳学生的过失；③做导师

后意志坚强了，跟踪教育，坚持不懈，只讲付出，不想回报；④做导师后正面教育功力增强了，确立了“身正为范，学高为师”教育者形象。总之，学校开展“学生成长导师制”活动，让我们师生都获得了巨大进步，这导出的七部曲奏美了我教书育人的殿堂。今后，我将更加努力学习，把导师工作七部曲演奏得更动听、更美妙！

思想引导篇

当阳市职业技术教育中心的“学生成长导师制”自 2012 年开始实施，至今已有 10 年。10 年来，学校依据学生特点及教育培育目标，创新推出“导师制”“教师人人是导师，学生个个受关爱”。每一位教师每学期都承担有“导师”任务，对受导学生从思想、学业、生活、心理等方面进行指导。于是，一线教师具有了教师和导师“双重”身份和职责。教师和导师“双重”身份和职责，促使他们探索特殊的教育之路。他们不是专门的思想理论教育研究者，面对一个个具体的学生，他们没有以纯学术的方式，诸如思想引导的原则、内容、方略、路径、评价等维度来研究。从本篇的论文看，老师们只是从对具体学生的转化、教育的过程中概括一些朴素的做法，诸如“三多”“四大战役”“五心”之类的经验，作为参与学生成长导师制课题研究与实践的记录，留下了一行行真实的记载和辛勤的足迹。这些论文恰似“深山里飞出的金凤凰”，横空出世，引人瞩目；生动形象，令人赞叹。论文不是只写思想引导，而是涉及思想、学业、生活、心理诸方面的指导，作为读者，可以侧重于从其中“思想引导”的视角来分享和思考。

思想是行为的先导。被誉为塑造人类灵魂工程师的教师，对学生进行思想引导就是“培根铸魂”。教育实践具有社会历史性，每一时期的学生有不同的特点。当阳职教的学生，很多是留守儿童，很多有单亲家庭、移民家庭等成长背景，父母在外地打工导致亲情疏远、爷爷奶奶隔代抚养导致家教缺失、初中阶段由于学习成绩问题导致关注被边缘化等，使这些学生的逆反心理较重、自卑，有的甚至自暴自弃，教育难度大。有的家长都放弃了管教也放弃了希望。但这些学生也是现代化建设需要的人才。基于这样的信念，老师们直面现实，切实担负起“导师”的职责。教师和导师的“双重”身份和职责，将“家校社”的教育环节打通了，将学校的高层次教育延伸到了家庭和社会，建构起了全方位的育人体制，对学生成长起到了全面教育的综合作用。

与此同时，教师们的教育方法也很朴实。没有光鲜的口号，没有时髦的名词，而是从一次次谈心、一次次激励、一次次家访等琐事做起，晓之以理，动之以情，施之以爱，一点一滴地“铸魂”。个别做法甚至还有些“不合时宜”，例如某老师发现网上一段“写给自我”的信，就摘抄下来传递给学生，因为觉得有自己的字迹，纸条就有了温度，这种真诚与细心还真的得到学生的认可与理解。正是这些朴实的工作，玩世不恭的“野马”球员进了军营，让人头疼的“睡神”有了进步；自幼跟着爷爷奶奶一起生活、缺少关爱、性格孤僻的女孩，参加全省技能大赛捧回了金牌……

在全面建成社会主义现代化国家的新的时代条件下，如何实现对中职学生的立德树人、培根铸魂？如何培育出现代化需要的建设者和接班人？如何开创第二个十年的新辉煌？当阳市职教中心进行“学生成长导师制”实验和实践的老师们，正在用爱心、诚意和智慧，积极探索，必将交出自己满意、社会认可的新答卷。

（**夏建国**，武汉大学教授、博士生导师）

苏醒的睡神是精灵

岳联合

1. 前奏

刚进教室——2016级机电班的第一节语文课，我大喊一声“上课”，全班40多个男学生齐刷刷站起来了，但我总觉得不自在，定睛一看，哟！原来是左后方一个学生趴在桌子上，还有我右手边一个学生也趴在桌子上，此时，我随即一笑说：“睡神，起床了——”我把“了”字拉得很长，大家呵呵地齐笑起来。以后的每节课上课时几乎都这样，我只有在全班宣布——上课睡觉是要受到处罚的。下课后我了解到，后面的一个叫小郑，右手边的一个叫小王。与班主任交流，班主任说，这两个孩子毛病较多，上课睡觉是经常的。

半个月后，专业部分配给我受导学生名额，不偏不倚，九个学生中居然就有这两个。

唉，工作还要做。只有与他俩斗智斗勇了。接下来在导师与受导学生认识接触的第一次集体谈话后，我又分别与他俩进行谈话，谈话中重点说了“上课打瞌睡的事”，他们表态不错，接下来的做法是依旧。后来多次谈话，他们却“涛声依旧”。

因为睡觉的事，我还多次与他们的班主任进行了沟通和交流，总是不得其法。

2. 改变

三月中旬的一节语文课堂上，他们依旧嗜睡。我走近他们身旁，轻轻敲着桌子低声说：“别睡了。”他们没有任何反应——根本没听到我在说什么。我整整用了五分钟，才把两个瞌睡虫叫醒，然后讲自己的课。

下课了，我在想：怎么才能让他们有所改变呢？在百思不得其解中，我突然想到小王是班上的干部——生活委员，我眼睛为之一亮——办法有了：一个一个解决——“办法总比问题多”。

当天课外活动，我找来小王，先从他下手。他穿着得体，瘦小的脸，短短不齐的小黄毛头发根根精神抖擞，眼睛翻转得快——特有神，一张嘴蛮健谈，一看就是个机灵鬼。45 分钟的时间里，我们东扯西拉谈了爱好、与爸妈的关系、爷爷奶奶的身体、周末假期的生活等话题，但就是没谈学习。从谈话中，我感觉到他是个可教的孩子，能够改变——我信心十足。以后的几次谈话交流，我们愉快地谈到了上课睡觉这件事。他表示一定改正。

又一次语文课前，我提前找到小王，叮嘱他当天的语文课一定要打足精神上好课，他答应“一定！一定！”这一堂课中，小王始终未合眼，他做到了。下课前，我当着全班同学的面，表扬了他，我看到他那高兴的劲和自豪的表情。我想：堡垒还是攻得破的，就看你有没有方法、耐心和信心。自此以后，我们无话不谈，成为了忘年交。

小郑，不苟言笑，话语特少。一米七八的个头，长头发，小脸，瘦得叫人担心。那他的问题怎么解决呢？我沉下心来，翻阅了教育学、心理学理论，学习了不少案例，试图从中找到答案。期中考试后的家长会如期进行，我瞅准这个机会，与小郑的爷爷进行了深度交流，这才发现他是一个问题家庭的学生。我下定决心，想慢慢改变他。

我拟定计划，用四大战役解决问题。谈话交心，每周两次谈话，周一课外活动办公室一次，每次上课前一次；请他吃一次午饭，感悟生活；进寝室关心他的起居，教他叠被子、扫地等；进行一次家访，了解他生活的环境。第一大战役一直进行着，他每次答应得好，但做起来难，几乎无起色；第二大战役倒是有改变，稍纵即逝；第三大战役中，他总是觉得多余，不怎么接受，虽对老师心存感激，但思想和行动上无明显的改变。

进行家访是在一个周末放假的时刻，那天倾盆大雨，我按事先约定的提前把车停在寝室门口等他，火急火燎地等了他 40 多分钟，才看到他顶着大雨慢慢地走来，我连忙打着伞替他遮雨，问他，他面无表情地说在寝室收东西。我帮他到寝室收拾整理后，开着车带着他回家。车上，我们进行了交流，他说下学期不想读书了，还说出了很多原因。鉴于此，我谈了学习知识的重要性，把车停在路边现场打电话，请原来的学生讲讲读书与不读书的区别，他听了后，很高兴。雨还在下，进了他们村子，离他家还有一里路程时，遇有工程车挡道路中间，我们倒车弯行，从他姑婆婆家门前过，哪晓得此路也不通，再往回倒车时，车后小山新推的土滑坡了，车子进退两难。此时，小郑立马下车，从他姑婆婆家拿来铁锹，立马干起来，我要替他，他不答应。

这时我才知晓这孩子的心思，他不是没头脑、没感情，而是不愿意表达。近一个小时里，他硬是把滑坡的土清走，为我的车打开了一个道。尔后，进到他家，确实清贫得很，我不由感伤起来。在他家里，我与家长谈了许久，与他也进行了各方面的沟通。走时，他微笑着送我很远的路。

返校后的他，每次与我相遇主动与我打招呼，奇怪的是上课不打瞌睡了，还主动做语文检测考试题目。二十多天后，进行期末考试，成绩还不错。

考试结束，我们在办公室进了交流，他表示下学期读机加工中职班，表示一定好好学习，学好技能报答老师和学校。

3. 反思

(1)导师做法要入行。导师一定要详细了解自己的教育对象，尤其是针对新学生，从问题入手，多用智慧，要内行，要入行。此案例中的两位同学，上课爱睡觉，但他们性格不一样。导师得根据学生个性，运用教育学、心理学原理，在实践中解决问题。

(2)育人不能心急。教育引导学生，与学生交流，沟通，不能操之过急，更不能急功近利。教育人是一个系统工程，做人的思想工作得慢慢来。

(3)导师要从细节上下功夫。学生的性格、爱好、情感、表现、表象、内心以及家庭环境、社会环境，你都得用心去了解，也许一个细节就解决了问题。

(4)导师要有钢铁一般的意志力。持之以恒，坚持就是胜利。做学生的工作，教育好学生，你得下深功夫，并坚持去做，才能把事做好。

“野马”球员进军营

李胜华

今年暑假，小舟同学打电话告诉我他被部队录取了，惊喜之余，我感慨万分。

这是一个什么样的学生呢？新生入学第一天，染着黄发带着一帮小兄弟找我报名；军训期间，哼着怪腔散着衣装；上课期间，迟到、早退、讲话、睡觉，不服从老师教育；生活中，不交饭费不打扫卫生不讲文明，以自我为中心。他拒绝交流，玩世不恭，是一个让人头疼的学生。

怎会有这样的学生呢？是何原因造成的呢？作为导师，该如何打开他的心扉，与之沟通并对他进行教育呢？

带着种种疑惑，我进行了一次深入的家访，全面了解了他的情况。这名学生家住在市郊朱湾村，父母在街上做粮油生意，而他却在街上租房住，父母根本管不了。从小脾气就十分火爆，爱打抱不平，崇拜英雄，不服管教，初中因多次打架休学一年，逆反心理严重，以自我为中心，不爱学习，唯一的爱好就是打篮球。

我试图通过多种途径亲近这名学生，培养感情。家长给他钱交饭费他却不交，做思想工作他根本就不理睬，我帮他交了。他不按时到校上学，我就天天开车到他的出租房接他，第一天在他父母的共同努力下，他很不情愿地跟我上了学，第二天第三天就不搭理我了。我的热情付出他一点也不领情，我感到很无奈，有些灰心。

静下心来，我不断反问自己：“为什么我的付出他一点也不领情，而且还有些反感呢?”细细琢磨后，我终于想通了原因，因为我做的这些都不是他感兴趣的事，看来要想走进他的生活还得从他的兴趣入手。他的唯一兴趣就是打篮球，经过一番思考之后，在班会上我提议组建班级篮球队，小舟同学表现出了极大的兴趣，自荐当队长，并为球队取名为“野马”篮球队。我问为什么，他说打篮球是他最大的爱好，而且喜欢野马的狂热奔放，自由自在。这很符合他的个性，其实他就是一匹狂热的“野马”。我答应了他的请求，并告诉他人员由他定，球队由他组织管理，要求确保安全，搞好团结。他很有信心地答应了。

可是一个星期不到，球队就面临解散的境地。球员反映队长太霸道，以自我为中心，个人英雄主义太严重，小舟同学却说球员不服从管理，球队即将解散，大家都感到很惋惜。这是我预料之中的事，问题的关键在小舟同学的身上。为化解危机，我请所有球员在食堂就餐，大家边吃边聊，谈球星，谈 NBA，谈球队的组织等。我问他们怎样才能形成好的球队，有的说要练好技术，有的说要相互配合……然后我告诉他们：好的球队一定有一个顾全大局、乐于奉献的队长，一定有一支纪律严明、服从组织、团结协作的队伍，大家听后若有所思。接着我作了个自我批评，我没有参加大家的活动，对大家的关心与支持不够，向大家道歉，保证每周自己亲自参加训练 3 次，并提议将球队更名为“同舟”篮球队，意为同舟共济，大家非常欢迎。球员们也纷纷进行了自我批评。在接下来的训练中我逐步培养小舟同学的全局意识、组织能力以及宽容友善、与人和谐相处的品质。一个月训练下来，球员们懂得了相互尊重、相互理解、相互关心与支持，配合得更加默契，信心增强了，欢声笑语多了，球员的感情与日俱增，小舟同学和大家也亲切地叫我“华哥”，一个真正的球队开始形成。

接下来，在和小舟同学建立了一定感情的基础上，我找他进行了一次倾心交谈。先肯定他有正义感、勇敢和对球队的贡献，然后告诉他班级建设和球队建设一样，也需要大家的理解、支持、配合，才能形成一个团结友爱、和谐温馨、积极向上的班集体。谈到他个人时，我问他对人生有何规划，他说想参军。我就顺势引导，肯定他具有军人勇敢、正义的优秀品质。给他讲解了我带的 2009 级有十个参军且其中有三个当班长的故事，他非常向往。然后我告诉他要想参军，在学校就要培养良好的思想道德品质，要用理智控制自己，能明辨是非，严格遵守纪律。晚上，我收到他的短信，“李老师，你今天的教育我会铭记在心，你放心，我一定会遵守纪律，实现目标”。第二天，他很早就到了学校，第一次参加了卫生值日，还补交了生活费。

当然，他的行为表现并不稳定，时好时坏，反反复复，我一直坚持给予他信任与鼓励、宽容与耐心，并用“参军”这一目标引导他。二年级时，他虽然不在我的班上，但我仍然参加他们的球队活动，在他与同学、老师、门卫工作人员发生矛盾后，找他谈心，激励他用理智控制自己，学会成长，实现“参军”的目标。这两年对他来说是漫长的，也是不平凡的，在人生目标的指引下，他用理智战胜了自我，终于如愿以偿地穿上了军装，我深感欣慰。

反思这两年对他的教育历程，我想说：现实生活中，没有十恶不赦学生，再顽劣的学生也有闪光点。我们要善于运用马斯诺需求层次理论去调控学生的需求，用显微镜去发现学生的闪光点，用真情去打开紧紧封闭的心灵，用信任去搭建沟通的桥梁，用鼓励去点亮迷途的孩子的明灯，用宽容去收获耐心等待后的惊喜。

在此，祝愿小舟同学的军旅生活更精彩！

触动学生心灵，关注学生成长

刘黎明

教育，是塑造心灵的事业。走近学生，当从“心”开始。作为导师，只有付出更多的诚心、爱心、关心和恒心，和学生“以心换心”，才能真正成为学生可敬畏的严师、可信赖的长辈、可倾心交流的益友。

上个学期，我担任计算机 4 班 10 名学生的导师，通过半年多的努力，十名学生没有一名流失，没有一人因为违纪给予处分；他们生活习惯、学习习惯较之以前有了很大改善。下面我以冯五同学的成长变化谈谈自己的想法做法。

一、基本情况

冯五，男，16 岁，计算机 4 班学生。父母亲长年在福建打工，从十岁开始就一直与外公外婆生活。外公外婆对他较为溺爱，要求不严格，平时双方交流沟通少，教育方法存在较大问题。

二、存在问题

(1)冯五父母不在身边，外公外婆照顾过多，导致他不仅独立生活能力差，而且形成了过于以自我为中心的心理特点。

(2)冯五性格内向固执，平时寡言少语，容易与别人产生抵触心理。对班级各项活动不热心，缺乏集体荣誉感。

(3)冯五网瘾大，经常以与父母交流为由不交手机，上课爱玩游戏，对学习基本丧失了信心和兴趣，学习成绩差。

三、辅导策略

1. 以诚心赢得他的信任

和孩子交流，我们必须用平等的视角才能拉近与孩子的距离，以诚心赢得他的信任。由于年龄与阅历的不同，我们与学生之间客观上确实存在着距离，如果我们一味强调师道尊严，以长者的说教、训斥作为教育学生的手段，其结果只能导致师生严重对立，不利于教育引导，也不利于学生成长。我们只有站在学生的角度去关心他们，多从关心他们的生活着手，多找他们谈心，了解他们的需求，掌握他们的困惑，跟他们一起解决难题，这样学生才能从心里真正接纳我们。

为了获得冯同学的信任，我放下“师道尊严”的架子，以朋友的身份与其交谈。开始几次他的态度较冷淡，对我爱理不理。次数多了，他的态度开始缓和下来，与我的距离开始拉近，也愿意和我说说心里话，在课堂上的自我控制力也有所增强。

2. 以爱心抚慰他的心灵

“没有爱，就没有教育”，教育家马可连柯这句话道出了教育的真谛。教育是对学生灵魂的引导和塑造。导师必须带着爱心走进学生心灵。

青春期的学生面临着由生理变化带来心灵的迷茫，我们导师应该有职责为学生营造一个适应他的身心健康发展的平等、和谐、友爱的氛围。为此，我时刻关注他的学习、生活和思想动态。在思想上，不断加强引导，要其多想自己的目标、家长和老师的期望，坚持审视自己的品行、肯定自己的进步、提高自己的素质、完善自己的人生。在班级管理中，我让他担任团支部组织委员，在团活中要他来主持，让他尽情表现，以增强他的自信心，增强他的组织能力和语言表达能力。在学习上，根据他的要求把座位调到第一排，同时跟各科老师联系，要求老师上课多提问多训练，齐抓共管，培养他良好的学习习惯。

3. 以关心激发他的热情

不懂得关心学生的人，不配入教育的圣殿。只要教师真正关心学生，并让他们感受到这种关心，他们就能以极大的努力向着教师所期望的方向发展。

冯同学的父母长期不在身边，虽有外公外婆的精心照顾，但他们毕竟不能替代父母。我就经常与他交流，交流的范围很广：学习、生活、兴趣爱好等。有一次我看见他很开心的样子，就问他有什么开心事，说出来也让我高兴高兴。他告诉我他的爸爸出差顺道要回来一趟。我赶紧与他爸爸联系了，并告知教育好孩子是父母重要的事业，经过交流，他爸决定让他的妈妈回家照料他。他妈妈回来后，他像变了个人似的：不仅能很好遵守课堂纪律，学习成绩也有很大提高，在学校维修电工技能比赛中获得二等奖；性格也开朗了许多，常与同学们打成一片，真正地融入班集体中。

4. 以恒心来维持他的积极进取

耐心和毅力胜过激烈和狂热。学生的反复性很强，常常有些错误行为今天改了，过几天又犯，这就决定了我们导师必须反复抓、抓反复。如果导师中途放弃，那就会前功尽弃。学生思想多变，教育者必须有个坚定态度，对一些思想转化比较慢的学困生，要真正走进他们的心灵，不是一天两天就可以做到的，必须要进行持之以恒的教育，方能见到成效。冯同学有时候老毛病会复发，一经发现，我会及时提醒，做到防微杜渐。我坚信，付出总有回报。在老师和父母的不断鼓励下，冯五努力学习，掌握技能，参加技能高考，三年之后进入大学深造。

魏书生说："我想这世界上，如果由于自己的存在而多了一颗真诚、善良、美好的心灵，那我便获得了生存的幸福，有了一份生存的价值。"我深深感到一位教师坚持培根、铸魂、启智、润心，促使学生健康成长，成人成才，就收获了职业幸福，找到了自身的价值。

让每一个中职生在关怀、激励中健康成长

王世军

教师的激励是阳光，能驱散笼罩学子心头的阴霾；教师的激励是雨露，滋润未成年人茁壮成长。

多年担任机电班班主任、导师工作。虽有成功，但更多是失败，苦辣酸令人难忘。但今年的机电班要好带得多，导师工作要顺畅些。反观静思，究其原因，是激励滋润了学生，是雨露驱散笼罩学子心头的阴霾。激励，应成为老师、导师工作的主旋律。

班级学生的管理工作原来主要由班主任承担。一个班主任要全面照顾到班里几十个学生，给每一个学生激励实际上是做不到的。全员育人导师制的施行，让全体老师都参与对学生的关爱指导，这就保证了每一个学生都有老师负责，时时给予激励。在中职学校，这无疑是一个创新。

一、在困惑中探寻出路

自从带上机电班班主任我困惑了。单亲家庭比例高，学生个性普遍较强，习惯较差，成绩不尽如人意。刚接手时，班级的常规管理就难以落实到位，原来的一些老做法失效了、老经验也不灵验了。不容回避的现实问题使我备感困惑。

在争取让学生接纳我的同时，我还在苦苦思索治班良策。第五年带机电班时，从接班开始我就做好吃苦的准备。准备和学生斗智斗勇，接班后我发现一个奇怪的

现象，今年机电班的学生好做工作。思前想后，原来我们学校实行了导师制，每一个学生都有老师关怀和激励，我的困惑终于解开了，原来再调皮的学生也需要关怀和激励，我以前对学生的关怀与激励还不够，特别是忽视了对调皮学生的激励。

我们班有 38 位学生，由罗伟、曾凡茂、罗祥云老师和我辅导，我的负担变轻了，4 位导师带给学生更多的关怀与激励，更重要的是将关怀与激励带给了每一位学生。

有一个学生小刘，他的导师是罗伟老师，由于他身体有点残疾说话不利索，所以同学们喜欢学他说话学他走路，以致他不愿读书了。罗老师了解情况后及时找他谈心，罗老师指着自己的光头说："我的头发长不出来，我是不是就不教书了？你回到了家，左邻右舍也有人学你说话走路，你再到哪儿去呢？"罗导师对他的一段合情合理的关怀与激励让他醒悟。接着罗导师不断地激励他参加各项体育活动，积极地融入同学。在罗导师的关怀与激励下刘阳同学不但没有退学，还积极地参加了大专班的学习。毕业后，利用自己所学专业知识，成为了技术人才。

另一个学生小张，罗祥云导师静静坐下来对他说："你天天这样累吗？"他说："有一点累。"罗导师说："既然累，能不能找点不累的事做。"罗导师见他长得标致健壮，便鼓励他参加学校运动会的乐队。他报名后果然被录取了，运动会开完后，他像变了个人似的，每天迈着自信的步伐，还经常对罗老师说："太谢谢罗老师了，让我风光了一次。"罗导师抓住机会对他说："还想再风光吗？那要在各方面继续努力，坚持约束好自己哟。"他默默点头，坚定了前行方向。

小李是曾凡茂老师的受导学生，他是第二次进我们学校，上一次是与老师闹翻后弃学回家。今年，曾老师对他常说的话是："你是同学们的大哥，你要有大哥的样子"，在曾老师的建议下他当了体育委员，运动会上他奋力拼搏，为我班争得了荣誉。改变了思想改变了行动，成为班级积极向上的带头大哥。他带领球队通过刻苦训练、奋力拼搏，在宜昌市比赛中荣获二等奖。

二、对家长的激励也能促使学生的好转

到我们学校的学生有许多是被家长放弃的，他们把孩子送来是无赖的选择。

初中阶段就放弃了他们的孩子，很少有老师主动和他们联系。而我们学校要求导师每个月要和家长联系，还要家访。导师们给受导学生找出优点，激励家长为了孩子多努力，家长们本快冷的心被温暖，积极配合导师的工作，所以，激励家长就是给学生增添阳光和雨露。我自己也是家长，最盼望的就是看到自己孩子的好成绩，最愿意听到的是老师对孩子的表扬。

学生小黄，是一个单亲孩子，原来初中成绩一直不错，他妈妈对他抱有极大的希望，中考失利后他来到中职学校，是“一种无奈的选择”。我主动与他交流谈心，对他说：“你的无奈中有明智。与其坐以待毙，不如在此搏一搏，在我们学校同样可以圆你上好大学的梦。”我帮他制订科学的学习计划，对他的每一点点进步及时鼓励，并与家长经常沟通，共同做好教育转化工作。功夫不负有心人，之后小黄已经令人刮目相看了，精神面貌焕然一新，成了一个阳光男孩，他积极参加学校的各项活动，在校园十佳歌手大赛和元旦都取得二等奖；作为团支部书记，把我班团支部活动组织得有声有色。他在给我的信中写道：“老师，过去我自己放弃了自己，我妈妈也放弃了我，可您从来没有放弃过我，总是对我鼓励有加，才使我能够撑到今天，并创造出自己的奇迹。”

小刘的醒悟，小张的好转，小李的蜕变，小黄的上进，是在导师们激励工作下，学生积极转化的一个个缩影。让我欣慰的是，和他们有着类似情况的一批同学，都在导师们的激励和关怀下快乐健康成长成人，以每天一点点的进步实现着人生的超越。

浇树浇根，育人育心，激励与关怀往往能创造奇迹。相信，每一个中职生都能在导师的关怀、激励中健康成长，成为技能型人才。

追逐人生梦想　培育大国工匠

张治钰

教育家苏霍姆林斯基说：每个孩子都是一个世界——完全特殊的、独一无二的世界。就读我们职业教育的孩子，单从文化课成绩来看，是中考的失败者；从家庭来看，贫困生、留守学生、单亲家庭学生比例也很大。可是，我们职业学校老师不抛弃、不放弃他们中的任何一个，学校为每一名学生配备了导师，这就是当阳职教德育品牌——学生成长导师制。

学生成长导师制让师生一对一，针对学生个体，拟定学生成长方案，通过思想上引导，学习上辅导，心理上疏导，生活上指导学生，让学生健康快乐成长。

一、真诚沟通——帮自卑的学生树立信心

萧伯纳有句名言："有自信心的人，可以化渺小为伟大，化平庸为神奇。"什么是自信？自信，就是相信自己的力量，自信心就是确信自己所追求的目标是正确的，并坚信自己有力量与能力去实现所追求的目标。一个人自信心的建立不是天生的，更不会随心而得。一个人的自信心与他的成功概率成正比。自信心越强，越能够不畏失败，不怕挫折，不懈进取；越能够产生强大的精神动力和进取激情，排除一切障碍去实现自己的目标。

小张同学，个性非常强，在班上经常与科任教师发生冲突，不喜欢参加活动，甚至不服从班主任老师的管理，与她家长联系，家长对学校也存有偏见，认

为孩子在学校学不到东西。鉴于此，我耐心细致地与她沟通，终于找到了问题的症结所在，在强势的外表后面隐藏着一颗自卑的心。她个子不高，体形较胖。针对这种情况，我和她一起制订了一个学习生活方案：所谓爱美之心，人皆有之，作为一个女孩子，少吃或者不吃零食；必须坚持锻炼，认真做操，坚持打羽毛球（她参加的第二课堂是羽毛球）；积极参加学校和班级开展的各项活动；努力学习专业知识和技能，从而提高自己的硬实力和软实力。计划制订后，我每周和她沟通交流一次，督促她是否按计划实施，慢慢地，她变了，参加活动积极了，性格也变得阳光了，班主任老师开始夸她了，与老师和同学们相处融洽了，见到老师总是微笑着打招呼，期末成绩有了很大的进步。

要出去顶岗实习的时候，我指导她进行职业规划，通过与家长电话联系和家访，家长终于明白了学校导师制的做法，认识到学校和老师是非常关心孩子的，消除了对学校的误解，积极配合学校工作。孩子到企业实习，技术水平提高很快，工作非常认真，得到了领导的高度赞赏，并且学会了感恩，在节日里还给老师发来祝福短信。

我相信，只要拥有一颗阳光的心，人生的道路一定会散发出七彩的光芒。

二、细心引导——为迷茫的孩子指明方向

中职生正处于为人生发展打下坚实基础的关键时期，确立远大的人生理想对于中职生的成人、成才至关重要。理想从自身角度来讲必须是发自内心的，是心灵的指向，是自己真正想要的、孜孜以求的目标。我指导的学生中有这样一位学生，对前途一片茫然，没有理想。

小刘同学，外表看起来老实、内向，可他有几次向班主任请假回家，其实是在外面玩，也不按时返校，通过家访老师才弄清事实的真相；同时，他对学习不感兴趣，读书无用论的思想很重，上课睡觉、玩手机，没有目标，说将来去当兵或者去开车。对周围的事情关心很少，针对他的情况，我和他一起制订了一个成长计划，帮助他树立目标，作为男子汉，一定要有担当。①当兵的人都是文盲吗？当然不是，现在都是高科技作战，所以必须好好读书；②开车的人可以是文

盲吗？当然也不是，因为考驾照第一科就是理论知识的考试，说明知识是很重要的，必须好好读书；③新时代对我们的要求是会写字，会走路，会说话，会写字即能熟练应用电脑，会走路即会开车，会说话即要说好外语；以上三点，足以证明学习的重要性，由此帮他树立了努力学习的目标。

有了目标后，还需老师持久地关心和指导，结合期中考试的情况，我给他详细指导各科的学习方法，文化课怎么学，技能课怎么练，在学校举办的文字录入大赛中，他积极训练，入围决赛，找回了一点自信。多次交流后，知道该孩子父母已离异，对孩子的成长伤害很大，孩子的性格有一些扭曲，很难与人沟通，心里的天空是灰暗的，后分别与其爸爸、妈妈联系，让他们多关心孩子，家校互通，一起帮孩子健康成长。

引导孩子积极锻炼身体，每天坚持跑步，进行体能训练，功夫不负有心人，他三年级时，在市武装部组织的征兵工作中，经过层层考核，品德、身体双双过关，成为一名光荣的解放军。

三、技能辅导——争金夺银，培育大国工匠

普通教育有高考，职业教育有大赛。中职生通过努力，同样能够在人生的舞台上绽放光彩。

小陈是一个小女孩，不到一岁妈妈就离开了她，从此再没联系，爸爸再婚后在外地打工。她自幼跟着爷爷奶奶一起生活，由于缺少关爱，她性格孤僻，难以与人相处。特殊的家庭、孤僻的性格、落后的成绩让她在班上几乎没有朋友，也极少与人交流。

通过课堂表现，发现她对动画片制作特别感兴趣，尽管她整体成绩并不理想，但兴趣是最好的老师。作为技能大赛指导教师，我想给她一个机会。

小陈进入大赛集训队后，我既对她进行专业技能的培养，又给予她母亲般的温暖。天冷了，见她穿得单薄，便带她上街买衣服；感冒了，就给她买药。时间长了，这孩子和我越来越亲。

有一段时间，孩子生理周期出现了问题，这么大的女孩子，不好意思和爸爸

讲，悄悄告诉我，我便带她到医院做检查，没有人会想到在她身边忙前忙后的那个人是她的老师，只认为我就是她的妈妈。

她不仅是我的学生，更像是我家里的孩子，她的性格、喜好，连我的爱人都清楚。家里有好吃的好喝的，都有她一份。集训放假，为确保安全，我都亲自送她到车站乘车。

通过努力，小陈同学在宜昌市技能大赛中，沉着冷静，夺得动画片制作项目一等奖第一名的好成绩。获得参加湖北省动画片制作技能大赛资格后，我们师生一起加班加点。她像变了一个人，有自信了，阳光开朗了！对我说："老师，我们一定要拿到一等奖。"我们克服重重困难，想办法攻克了一个又一个技术难关，最终站在省赛的领奖台上，捧回金牌，实现学校在省赛中金牌零的突破。

紧接着，接到代表湖北省参加国赛的通知，我们市赛、省赛都是二维动画，而国赛是三维动画，摆在我和她面前的又是一座难以逾越的高山。但这时，孩子的信心比我还足，我们一起研究比赛规程，一起学习三维动画制作软件，一起吃饭，一起运动，相互鼓励，一步一步冲进国赛赛场。所谓"宝剑锋从磨砺出，梅花香自苦寒来"，我们成功地夺得银牌，站到了国赛的领奖台上，为学校争了光，为宜昌职教添了彩，也是湖北省动画制作项目在国赛中第一次获奖。

近十年来，在技能大赛的舞台上，我用百倍的爱心、细心和耐心，用真爱唤起学生自信、自尊、自爱、自强，小陈只是其中一个。先后有 21 人获宜昌市技能大赛一等奖；8 人获湖北省技能大赛一等奖；三次站到国赛领奖台，捧回两枚银牌、一枚铜牌。

作为职教战线的一名教师，或许我们培养不了让人羡慕的重点大学的天之骄子。但是，让我们的心田如春风般温暖的是：我们播下爱的种子，让许许多多如小张、小刘、小陈一样的孩子健康成长，找到适合自己发展的人生道路，享有人生出彩的机会，成为建设祖国的栋梁！

看，花儿在绽放

杨金明

从2012年秋季学期开始，我校以“学生成长导师制”为载体，选择150多名师德水平高、育人能力强的教师担任学生成长导师，每名导师每学期负责辅导10~12名学生，成为受导学生思想上的引导者、学业上的辅导者、生活上的指导者、心理上的疏导者，是学生的良师益友。学校积极探讨“全员、全过程、全方位”育人途径，构建学生成长导师制与学分制、班建制三大机制。其导师制最大特点就是“用真爱打动每个学生，用良方引导每个学生成长”。

做学生成长导师必须全心全意付出，认真履行这份沉甸甸的责任。作为一名德育导师，能够引导学生树立自信心、勇敢面对生活中的压力和挫折，全面提高自身素质，健康快乐地成长，自己也感到无比欣慰。

小陈，2013级护理班学生，这个没考上高中而让父亲在村里“抬不起头”的女孩，中职高考却以全省第39名的优异成绩考取了湖北省医药学院。记得第一次导师与学生见面时，她给我的印象是很忧郁、闷闷不乐。上课时喜欢趴在桌子上，感觉老是提不起精神，也不愿与老师和同学交流。多年的心理咨询经验告诉我，必须打开她的心结，才能做到有的放矢疏导。我试用“三多”的方法疏导她，很有成效。

一是多谈心，进行情感的交流。她性格内向，平时不太会主动与同学交流，我总是在寻找一个合适的机会与她自然地进行心灵的沟通。由于她平时对网络很感兴趣，我就从她上网浏览的内容、如何正确上网、对网上信息的甄别等问题与她沟通，她的兴趣一下子就来了，跟我谈得很起劲，通过一次次的谈话拉近了我俩彼此的距离。渐渐地有时她还会跟我交流一些学习、生活上的问题，随着交谈次数的增加，她开始愿意和我说说心里话，并且主动找我聊天。中考失利，父亲认为读职高没有出路，让她深感自卑。在谈话过程中，我都是以她的一个亲人、朋友甚至姐姐的身份在聆听她的心声。看得出，她很信任我，有时说到伤心处她也会大哭起来，其实她的内心也有很多的痛……

二是多表扬，激发学习兴趣。青春期的学生面临着由生理变化带来的心灵迷茫，作为导师有职责为学生营造一个适应她身心健康发展的平等、和谐、友爱的氛围。为此，我时刻关注她的学习、生活和思想动态。在课堂上，让科任老师提一些力所能及的问题让她回答；在班队活动中，鼓励她克服羞怯心理尽情表现，以增强她的自信心；学校体育节上，她发挥自己的毽球运动特长，和队友一起奋力拼搏，一举获得第一名的好成绩，为专业部争得了荣誉。我笑着对她说，“你真的不错，付出就会有回报，学习上也是如此，你试试，爱笑的女孩运气不会差”，她满怀信心地点点头，开心地笑了。在感受集体温暖的同时，也使她开始具备集体荣誉感。经过一段时间的精心辅导，我明显感到与她一起玩的同学多了，她也变得比以前更自信、更开朗了。

三是多联系，家校共促学生健康成长。利用开家长会导师与家长见面交流的机会，我进一步了解到小陈同学家庭教育的真实情况：原来，父亲的愿望是希望她读普高，结果却事与愿违，父亲经常当着她或别人的面唉声叹气。母亲却认为：只要孩子尽力了，健康快乐就行，读职校既可以学技能，又可以参加升学考试，没有什么不好。两人经常为此事争吵，中考成绩带给小陈的是严重的挫败感。得知实情后，我和家长达成一致辅导意见：一方面，母亲对她多鼓励，父亲少指责，给她营造一个温馨的家庭环境，平时和我加强沟通和交流，及时把握她的思想动态，有的放矢进行疏导；另一方面，引导她正确地认识自我和所学的专业优势，学习成绩不是评价一个人的唯一标准，要用实力证明自己的能力，和上高中的同学比，三年以后自己不会比她们差，激发她的信心和克服困难的勇气。

一个人的改变并非一朝一夕，经过三年生活、学习、心理全方位的辅导，她学习进步很快，积极参加学校毽球队训练，班级同学间能互帮互助，关系融洽，尊重老师，待人有礼，她的脸上也露出了久违的笑容。终于，她成功了，三年后她圆了大学梦。放寒假回来，她特地来看我。她说：“杨老师，没有您，就没有我的今天，我特别感激您，是您带我走出心理的困惑和迷茫，给我信心和源源不断的支持。引导我树立职业理想，提高职业能力和技能水平，以技能立身，用南丁格尔精神来激励自己，为社会做贡献。”我说：“是你的不懈努力成就了你自己，医者仁心，希望你不忘初心，勤学精技，做一名优秀的白衣天使。”

像这样成功的孩子我校有很多。学生、家长的期待，就是做导师的期待。全面贯彻党的教育方针，坚持立德树人，为每个学生提供适合的教育，促进学生全面发展，让每个孩子都享有人生出彩的机会。

教育者的关注和爱护在学生的心灵上会留下不可磨灭的印象。做导师，让我领悟了宽容的厚重和理解的深长。“善待每一个孩子，让每个孩子精彩！”是我做导师的座右铭。我深知导师工作任重而道远。花开有期，在前行的路上，我甘愿成为孩子们的引路人，洒下一路汗水，铺满一路真诚，用真爱书写自己美丽的教育人生！

个性潜能善发现，因势利“导”出成效

杜利红

担任学生成长导师已经有十年了，一路走来，有泪水，也有欢笑；有迷茫，也有收获。工作中只是以平常心做着平常事，只为众多家长的殷殷期望，只为一双双渴求知识的眼睛。看着那一张张充满天真稚气的笑脸，看着他们的成长变化，看着他们变得懂事成熟，就是一种莫大的幸福。

2021 年 8 月 14 日，我突然接到一个陌生号码的来电，接通之后，一个熟悉的声音传入我耳中：“杜老师，我是小周，您还记得我吗?”他激动地说道。我说，“当然记得”，他说：“老师，跟您报个喜，我通过统招专升本，考上了湖北工程学院机械电子工程专业，算是弥补了高中时的遗憾。”我由衷地为他感到高兴。

打电话的是 2015 级电气班的小周同学，我对他印象深刻，我是他的班主任，更是他的成长导师。他是班上的学习委员，学习成绩一直稳居班级第一名，在学校排名也是前二十的，但喜欢玩手机。记得有一天午休，我悄悄地来到教室，发现他在玩手机，走到他身边时，他还没发现我，我敲了敲他桌子，他才反应过来，忙把手机收了起来。我深知如果我现在把手机夺过来，会激化矛盾，我平静地对他说，“到我办公室来”。来到办公室，我指着凳子让他坐下，他始终低着头，轻声说，“我还是站着吧”，我再次说道：“坐吧。”他坐下了，间隔了 2 分钟，我才说话，开口问道：“今天怎么把手机带到学校来了，现在是高三，马上要面临 4 月份的专业考试，正是冲刺的关键时候呀?”他还是低着头，默不作声。多说无益，于是我说：“回教室上课吧。”看着他走了，我拨通了他妈妈的电话，从他妈妈的嘴里，我了解到他是单亲家庭，妈妈又改嫁了，平日疏于对他的管教，基本上是自己管自己。我暗暗下定决心，我要给予他更多的耐心、关爱。

后来，我从祁老师那了解到，他实操的速度有点慢，为了提高速度，每天课外活动我都把他叫到实训室，对他进行限时训练，在老师的陪伴指导下，他也不怕苦不怕累。经过半个月，大实操电气控制线路的安装与调试，他从 60 分钟做完到后来的 35 分钟；我高兴地对他说："恭喜你，小周，你做到了。我们来庆祝一下，明天中午到老师家里吃饭。"他说："好，谢谢您，老师。"晚上下班回去，我就先去家旁边超市买了很多菜，有虾、鸡、鱼等，还买了一件饮料，把该准备的先准备好。第二天第四节课快下课时，我就在教室楼下等他，回到家，我让他先看会电视，他说："老师，我给您打下手"，我说："好"，于是我们一边做饭一边聊天。吃完饭，他突然说："老师，我上次玩手机错了，以后手机交给您保管"，我开心地说："知错能改就是好孩子，你永远都是老师的好学生。"我俩愉快地笑了起来。

原以为他考一个本科不在话下，甚至我们班所有的任课教师还想着让他考一个状元回来。可技能操作考试他却考砸了，可能是应考心理问题吧！回来之后他闷闷不乐，上课没有了往日的精神，甚至有放弃上学的心理，任课教师杨老师等都找他谈话，给他讲了爱迪生等一些名人经历失败坚持成功的故事，引导他前行。我当了他三年导师，深知他付出了很多，可结果却不尽如人意。在一次晚查班时，我把他叫了出来，在我还没有说话的时候，他哭了，我看着很心疼，就给了他一个拥抱，轻拍他的肩膀，我知道他的压力，等他心情好点了，我说："小周，你要振作起来，我知道你的苦恼，但不能放弃，不经历风雨又怎能见彩虹，要克难奋进。"接着给他讲了些励志故事，告诉他人生不可能一帆风顺的，唯有青春奋斗，才不会留下遗憾。看着他露出了久违的笑容，我的心才平静了下来。

引导他制订学习计划，规划人生方向，振作精神，苦学勤练，坚持技能成就人生，选择上大学圆梦人生。终于，迎来了高考成绩查询的那一刻，我坐在电脑旁，轻轻地敲打着键盘，功夫不负苦心人，他凭借自己的努力考出了 615 分的好成绩，被武汉职业技术学院录取。他上学之前特意来找我，说："老师，谢谢您，是您让我重拾了信心，虽稍有遗憾，但我会继续努力。"我听了很欣慰，感觉他长大了，不再是那个唯唯诺诺的小男孩了，现在的他阳光、自信、坚强，"老师相信你，是金子到哪都能发光的！”我高兴地说道。

今年，小周通过微信发给我了一篇文章，《绽放吧！青春榜样——百名优秀高职学生党员风采录》，介绍他始终保持思想上积极进取，学习上勤奋刻苦，生活上乐于助人，工作上一丝不苟。严谨笃学、积极进取，连续多次名列大学专业第一，曾两次获得“国家奖学金”，在“京东方杯”智能制造技能大赛全国总决赛中荣获三等奖；刻苦钻研、开拓创新，拥有多项国家专利，荣获湖北省“挑战杯”系列竞赛、湖北省“楚天创客”大赛、湖北省中华职教双创大赛铜奖；奋发进取、勇于争先，获学校五四青年标兵、优秀学生标兵、突出贡献奖、优秀毕业生等荣誉。作为新时代中国青年，他努力提升自己的综合素质和能力，心怀强国之志，在青春的征途上谱写了绚丽的诗篇。当武汉职业技术学院向学校发送喜报时，我为“导”出成效感到无比的骄傲与自豪，他更成了当阳职教学弟、学妹们学习的榜样。

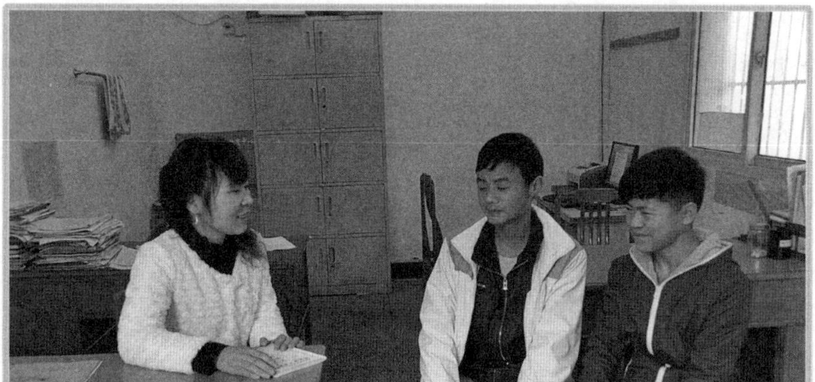

导师制让“学困生”走出困境

曹 萍

一、学生基本情况

张三，女，18 岁，动车乘务专业班学生，家住当阳市育溪镇洪锦村，2022 年下半年搬到当阳火车站附近居住（爷爷、奶奶仍在老家住）。走读生，每天骑着自行车上学、回家。父亲是一名货车司机，母亲做一点小生意，主要是卖早点或小吃。平时总见她有说有笑，性格随和，尊敬他人，对人有礼貌，身高一米七左右，比较爱好梳妆打扮。

二、发现问题

开学将近一个月，发现她经常迟到，有时请假没到校上课，上课时注意力也不专注，打瞌睡、走神现象时有发生。期中考试成绩在班上是第 41 名（共 49 名学生），总分 298 分，可谓是一名“学困生”。

三、分析原因

我主动找她谈话交流，了解情况。她说在学习上没有什么兴趣，基础也比较差，因此学习上缺乏主动性、积极性，同时又没有什么压力，玩性也比较大，只想混个毕业证，看能不能去动车上当个乘务员等，这个也是当初她选择就读这个专业的根本原因。为了全面深入了解情况，并从根本上彻底改变她在专业认知上的误区和端正学习态度，我随后进行了家访。记得那是 11 月份的一个下雨天的下午(那天她也请假没有上学)，我按照事先摸清的地址来到她家，敲门家里没有人，打电话也没有人接，左等右等，正要准备离去的时候，碰见她打着雨伞，提着书包，牵着一个小男孩急匆匆地回来了。原来那个小男孩是比她小 10 岁的弟弟，在当阳桥小学读书，安顿好弟弟后，我和她一起找到了她的妈妈，她的妈妈每天一大早就要出门，从早干到晚，她的爸爸也是常年在外，照顾不了家。可能由于晚来得子，父母也特别看重、娇惯这个儿子，再加上爸爸、妈妈工作的特殊性，对这个女儿的未来没有作什么规划。父母不仅管不了她的思想、学习和生活，就连弟弟上学、回家接送的任务都压到了她的身上，不仅如此，张三每天还要辅导弟弟做家庭作业。根据以上情况，分析主要原因如下：①学生个人缺乏学习动机，同时基础也比较弱；②对所学专业的认知还不够深入；③受到家庭条件的制约或影响。

四、制订措施与实施效果

为了精准施策，彻底改变目前的现状，我又与她本人、家长交谈，了解她们的真实想法，具体分析目前面临的困境，建立个人成长档案，制订措施如下：

(1)要得到家长的认可和支持。与家长交流，希望家长在忙于生计的同时，还要多关心孩子的学业。家长如果认为自己工作忙，忽视孩子的学业、思想，孩子就缺乏学习的强大动力。为解决家庭需要照顾小弟与完成学业的矛盾，建议家长首先要在上学时间上给予保证。可以考虑请爷爷奶奶来搭把手或者妈妈适当调整做生意的时间，这样张三才能安心在学校搞好学习。晚上放学回家之后可以与弟弟共同学习。

(2)要唤醒学生学习的那份渴望。我常对她说，弟弟的作业需要你辅导，如果你不认真学，怎么辅导小弟呢？难道让弟弟认为姐姐的水平也只有这个样？姐姐应该是弟弟学习的榜样和表率，同时更重要的是，要改变所学专业认知上的误区，不要错误地认为当个乘务员只需要外表，还要通过学习专业知识，丰富自我，提升个人品位、气质等内在素养，才能更好地适应岗位和时代的需求。

(3)要经常关心她的思想、生活和学习，帮助她树立自信心。平时通过教师和集体的温暖弥补学生自卑心理，使学生生活在欢乐、和睦的氛围中，体会到学习的快乐、成长的快乐。

(4)在学习上优先辅导，构建师生间、学生间的结对帮扶。平时学生也要转变学习态度，从严要求自我，制订学习的各个小目标，增强学习的主动性、积极性，充分挖掘自身潜能，不能抱着无所谓的态度，得过且过。

(5)强化跟踪流程管理，善于发现闪光点，让学生尝试成功的喜悦。

通过以上帮扶措施及家长、老师、学生的共同努力，张三现在已经达到了如下目标：杜绝了迟到现象，端正了学习态度，上课能认真听讲，能慢慢独立完成作业，学习上有了较好习惯。看到她的变化和成长，我感到无比欣慰，学生也变得更加自信阳光。

五、案例反思

(1)与家长沟通，配合学校工作，现在的教育离不开家庭教育这一块。

(2)在转化"学困生"工作中，教师要善于寻找"学困生"身上的闪光点，坚持做到五多：多一点爱心，多一点鼓励，多一点点拨，多一点表现机会，多一点思想交流。

(3)在教学的各个环节，落实对"学困生"的转化，如：课堂上对"学困生"的问题充分预设、分层教学、允许"学困生"提出问题、课后对"学困生"当面辅导、疑难问题反复强化跟踪等。

(4)工作细致，关心从小事做起，从细微之处发现问题，解决问题，促进学生健康成长。

(5)教师应以身示范，起到表率作用，更好地落实关爱困境学生的思想、学业和生活。

通过对该同学的成功引导，我充分认识到深入开展学生成长导师制活动，让更多的教师关爱更多的学生，共筑爱心桥梁，与家长携手共促学生健康成长，意义重大。

托起学生梦想的翅膀

齐振奉

作为中职学校一名学生成长导师，我常常在想，怎样才能托起学生梦想的翅膀呢？在导师工作中，我用爱心、耐心和宽容心，与学生进行心与心的交流，赢得了学生的信任，成为学生学业上的严师，生活中的益友。

一、案例基本情况及问题原因分析

我受导的一个学生悦悦，行为自由散漫，威胁、欺负同学，同学们都很怕她；经常在晚自习第二节快下课时请假上厕所，第三节课就不知去向；上课时故意与老师作对，欺负年轻老师，对老师的批评教育也置若罔闻。

对于这样一个学生，怎么才能托起她梦想的翅膀，让她展翅飞翔呢？

每一个问题都有其产生的根源，只有找到原因，才能对症下药。于是，我进行家访，了解家庭基本情况，分析问题产生的原因。

其一，母亲外出打工，父亲在火车站旁开小吃店，比较忙，没有时间管她。因为父亲的生意，她经常接触闲杂人员，沾染了一些坏习气，她的胆子特别大，不怕人，所以在学校敢想敢干。

其二，父母虽然希望她能考上好大学，但对她的教育缺少方法。她本人认为没有考上普高，自信心受到打击，准备在学校混三年，所以学习缺乏动力，目标不明确，态度不端正，导致她出现目前的状况。

二、辅导策略和措施

针对她的问题，我先从外围入手，找前任班主任及任课教师了解情况，与班干部谈心了解细节，做到心中有数。找班上其他学生谈心，唯独不找她，给她一定的思考空间，也给她施加一定的压力。在她连续几次迟到、上课玩手机、顶撞老师后，我才找她谈心。当时，她的眼神有疑问，有惊讶，但更多的是敌意。我没有问她为什么上课迟到、玩手机甚至顶撞老师，而是问她为什么选择技能高考？她说，选择技能高考是想上大学，但进入高三后对自己没有信心，所以故意违纪。我告诉她，现在想学还来得及，你很聪明，只要你努力，就一定会有收获，不信你试试，看看九月月考成绩会有什么变化。就这样，我上晚自习时都要和她谈心，对她的进步给予肯定，同时指出问题，并投以信任的目光。慢慢地，她不迟到了，手机上交了，上课也认真听讲了，九月月考居然考了班级第二名。

月考后她信心大增，我号召同学们以她为榜样展开学习竞赛，她当时看我的眼神是感激中夹杂着惊喜。我再找她谈心时，她哭了，说她不仅想上大学，而且想上本科，我很欣慰。有了目标，我顺势引导，帮助她增强信心，告诉她，有耕耘，一定会有收获，你不是已经尝到甜头了吗？

经过一年努力，她在湖北省技能高考中以总分 632 被某本科院校护理专业录取。

三、导师工作思考

1. 树理想，建自信，托起翅膀

中职生学习目标不明确，缺乏自信，难于管理。国家大力发展职业教育，推行技能高考，为中职生进入普通高校提供了新途径。教师应因材施教，帮助学生树理想，建自信，明目标，正态度，插翅膀，让其展翅飞翔，实现人生梦想。

2. 爱学生，善观察，勤于点赞

(1)互信：师生之间互不信任，会导致转化工作难做。导师要想办法，让学生感受到你的诚意，甚至可以制造小故事来引导学生，让其体会到导师的真诚，从而建立师生互信。

(2)三心：对待违纪学生，导师要有耐心和宽容心，给学生一定的思考空间和改正时间，当学生认识到自己的错误时，他会主动改正的。陶行知先生的“四块糖果”，不就是展示了宽容的力量么！导师要有爱心，要让学生真切地感受到这份爱，导师的爱还要无私，要点点滴滴体现在学生的学习生活中，像春雨，“随风潜入夜，润物细无声”，这时也许你根本不需要做什么，学生已经在悄悄地发生改变。

(3)观察：要善于观察。课内课外经常扫描学生脸部，发现学生情绪变化，解决学生存在问题。

(4)点赞：要学会点赞。在教育过程中要善于发现学生的闪光点并及时点赞，这可以化作学生前进的动力。但点赞是有原则的，一定是学生做得正确的，否则，会混淆视听。

学生成长导师制的实施，促进学生全面健康成长，让导师们体会到与学生一起成长的愉悦，体会到教书育人的幸福感！

给问题学生一个“缓冲地带”

胡孝林

与普通学校的班主任相比，职业学校的班主任工作更加繁杂、琐碎，更具挑战性，特别是面对各种桀骜不驯、个性张扬的问题学生时，他们会为我们制造各种预料不到的难题。学生成长导师的工作难度更大，需要做一名智慧型导师，引领困境学生前行。

一、案例经过

几天前收到2013届技能高考三班学生小成从武汉船舶职业技术学院发来的短信，说他放暑假了要和几个高三同学一起来看望我，不禁想起了小成在高中时发生的事。那时他正好是我的受导学生。

早饭后，我顶着寒风来到教室，学生们都在认真学习。学生会干部来检查，对我们班的卫生状况也满意。我正要表扬今天的清洁值日生时，班长小迪却站起来说：“老师，今天没有值日生擦讲桌和窗台。”

我说：“咱们不是责任到人了吗？应该能查到是谁没有值日，是谁负责这块。”

班长小迪说：“我昨天不小心把任务名单弄丢了。团支书小威是组长，他也不小心把任务名单弄丢了。”

我面向全班学生，和颜悦色地说：“今天哪一个值日生没值日，请你站起来。”

教室里没有人应声，有学生说：“反正今天没扣分，可以不追究了。”

我还没来得及说话，小迪就说：“今天没有扣分，是因为小威替那个值日生擦了讲桌和窗台。”小威在一边点头：“我没记住该谁擦教室，总不能让班级就那么脏着。这件事我有责任。”

小迪提醒说：“我不是要追究责任，我是怕课外活动大扫除时还没有人擦讲桌和窗台。”

我脑子飞快地转着：这事看似简单，学生们却都在冷眼看我的能力呢！若处理不当，他们以后也许会松散下来，班级的卫生也许会一团糟。便说：“没有值日的同学不愿站起来，那今天值日的同学请站起来。”教室里呼啦站起来几个学生，这时，小成在自己的座位上犟着脖子说：“今天我没有值日。”

我平静地问：“先说个理由？”

小成说：“没有理由，就是不想值日。”

小成父亲不在身边，从小就跟着母亲一起生活，母亲忙于生计，对他的管教也不是很到位。他人较聪明，但性格犟，平常也经常迟到，上课讲话，有时还有旷课现象。

小成应该是因为天冷懒得值日，所以他说不出理由。我若马上严厉批评，依他那性格脾气，说不定会无理取闹，这对解决问题没有一点儿帮助。一旦闹僵，小成犟起来，若课外活动还是不值日，我又有什么办法？其他班上就有这种情况，有的学生死活不打扫卫生，老师也没辙。

于是，我真诚地说：“小成，我一直认为你是很讲道理的。现在我不问原因，希望你今天找我解释一下。”

然后我走向讲台，说：“我一直说咱们班的同学都讲道理，今天怎么会有人说不值日就不值日呢？现在我宣布，今天课外活动任何同学都不能替别人值日，我来替他值日。”

我走出了教室，感觉班长和团支书不是真的弄丢了值日名单，他们只是把这个难题抛给了我，这俩小子还真聪明，心照不宣地把难题推给了老班，后生可畏啊！不过感叹归感叹，学生们不光在看我这个老师的能力，他们也希望我把这个问题学生转化一下。

我不知道此举是否有效。我知道小成一定做好了准备要接受我的严厉批评，我偏偏就不批评他，我倒要看看他好不好意思让我这个班主任替他值日。

一直等到中午，也不见小成找我解释，不能干等了，我得有所行动了。

下午第一节课是班上的体育课，我知道小成最喜欢打篮球了，他最佩服的人也是篮球打得好的人，现在他肯定在球场上，我换上球衣球鞋，来到球场上，果然，班上几个球迷都在，小成看见我来了，表情有点异样，他大概以为我来找他的麻烦，不过我没有任何表示。

学生们看我和他们一起玩球，而且球还耍得不赖，都和我亲近起来，小成也开始和我说笑起来。我看时机差不多了，就趁中场休息时把小成叫到一边，问他不值日的原因，小成不好意思地低下了头，原来，因为天冷赖床，早自习迟到了，被正上早自习的语文老师批评了，心情不好，就忘了值日。加上怕我批评他，就一直不敢去找我解释。

我严肃地告诉他，任何时候都要有纪律意识和集体意识，要遵守规则，不然以后上了大学或者走上工作岗位会处处碰壁。作为男子汉更应该有责任感，敢作敢当，错了就应该勇于认错并改正。说完这些，我就离开了，我希望能看见他的实际行动。

下午课外活动铃响，我紧走慢赶奔向教室，小成正好把教室擦干净了，看见我来，斜着眼瞅我笑，学生们笑着对我说："小成哪里忍心让老班替他值日啊！"

我笑了："小成，你什么都懂啊！上午怎么说出那么不讲理的话？"心中却感叹，自己来得真是不早不晚刚刚好。我若早来一点，小成还没开始值日，我真的替他干了活，他一定很尴尬；我若晚来一会儿，他值日完毕去球场了，不能及时对他进行表扬，巩固今天的教育成果。这中间的度实在很难把握。

趁热打铁，在以后的几天里，我几次找小成谈话，希望他能改正怕苦、任性等缺点，并肯定了他的聪明能干的优点，希望他将精力放在学习上，争取考上理想的大学。还电话与小成的母亲联系，告诉她小成很聪明，文化基础也不差。他的母亲很高兴，估计把我的电话内容也告诉了小成。

转眼离当年高考也很近了，不知道是小成真的懂事了，还是教育起了作用，小成在以后的值日、学习中都很认真，后来考上了武汉船舶职业技术学院。

二、案例分析

这个案例中，小成心情不好，不愿清洁值日。教师若听之任之，则会造成整个班级纪律松散、卫生糟糕；若处理不好，则会造成与学生对立的局面，形成更加不利的局面。

两个班干部将难题抛给了老师。教师若处理得当，则会在全班学生面前形成威信，既教育当事者，又会给全班学生一个交代和教育。

三、干预策略选择

有教育专家曾经把教育分为三种类型：权力型教育、道德型教育、智慧型教育。我认为此说法甚妙，颇有见地。

权力型教育依赖全力。每当教育不见成效时，就有人抱怨上级对教师限制太多，弄得教师不敢管了。可惜权力型教育已经走到了尽头，一个提倡民主的社会，是要限制权力的。我们职业学校尤其不提倡权力型教育，“民不畏死，奈何以死畏之?”学生都不把学校的制度放在眼里了，我们还呼唤什么权力呢？况且现在的中职生大多营养好，身强力壮，以力压他，搞不好老师自己吃亏，绝对不能采用这种方法。

道德型教育诉诸师德。每当教育不见成效时，都会有人把原因归结为教师师德还不够高尚，对学生爱得还不够，责任心还不够强，努力还不算多。意思是只要师爱无处不在，只要教师玩命工作，就足以解决一切问题。真正做一线班主任的老师都知道，道德型教育对有的学生行，对有的学生还真不行。

智慧型教育的特点是运用现代心理学、教育学等知识，冷静分析学生的问题，对症下药。因为老师要帮助学生解决遇到的种种困惑、矛盾、痛苦、不满，解决心理、习惯、个性等问题，仅仅有师爱、权力、讲空洞的大道理，效果显然不好。我们必须多一点教育科学含量，多一点智慧。良好的师生关系很重要，如何让学生亲近老师，所谓“亲其师，信其道”，做到这里也就成功了一半；本案的关键是在学生“犯浑”的时候，给学生一个缓冲地带，另辟蹊径，圆满解决问题，教育学生；此外，尊重、接纳、真诚、家校合力，也是我们教育学生的重要因素。

四、案例反思

(1)平心静气，做到耐心。中职教师面对的学生情况纷繁复杂，根据时代教育观，学生的发展有差异性、不平衡性和独特性。不能“一口吃成个大胖子”，一句话、一件事就把我们的教育对象改头换面是不可能的。我们要充分尊重他、与他诚心交朋友，要像对待荷叶上的露珠一样小心翼翼地呵护他，以自己的爱心，拨动学生心灵的琴弦，真正做到“晓之以理，导之以行，持之以恒”，让他们感受到老师的真诚、同学们的温暖，也感受到自身的价值，体验成功的愉悦，同时慢慢改正缺点，健康成长。只有对学生付出浓浓的爱，才能赢得学生深深的情。

(2)集思广益，做到细心。班主任、导师一定要多和家长交流，形成家校合力，统一战线，协同作战。多一些细心，我们能从生活细节入手，以指导学生铺床叠被、摆放鞋子等为切入点，和他们一起劳动、学习、锻炼，拉近与学生的距离，“亲其师”，才能“信其道”。当学生有困难的时候，主动帮助他们排忧解难；抓住一切教育契机，教他们为人处世的道理，将点滴教育融在日常生活学习的过程中，将细心教育常态化。

(3)创新思维，用心做到。对于那些特别、特殊、特例的学生，我们更应该做好充分的思想准备，以“不放弃任何一个”的执著去对待他们，既要拥有打持久战和常规战的精神，更要开动脑筋，创新思维，打好“特种战”。这类特殊的群体，其家庭教育背景已经让他们的心理形成了痼疾，“冰冻三尺非一日之寒”，非得我们自己经历一番情感的蹂躏不可。在教育中，我们要多鼓励，“数之十过，不如奖之一功”，发现与鼓励是一种具有穿透力的软实力。

从事职业教育的班主任、导师，工作平凡琐碎，没有什么轰轰烈烈。所教的学生也不像普高的学生那样能上名校，他们大多要踏上社会，部分升学。但我们把一个个的问题学生转化成了正直向上的人，成了掌握一定技能的人，成了自食其力的人，这是我们的快乐和成就感。

一个所谓的“问题学生”是一个很好的教育研究对象。他迫使我思索、促使我进步、推动我成长，正是中职的学生，让我的生活精彩纷呈、回味无穷。

导师制让我成为学生的良师益友

陈玉芬

学校实行导师制，这在中职学校还是一个比较新鲜、有创意性的做法。我带着一丝好奇、一份热情和些许期待走进了这一角色。好奇的是导师与他的学生会成为怎样的关系呢？期待的是那会是怎样的一分收获呢？为了将这些“？”变成“！”，热情带着我踏上了与9名学生共同前行的朋友之旅。

首先，互换信息是做朋友的基础。

我们知道作为朋友，其双方都是熟知的，就目前的我们师生关系来说只能算得上知，说不上熟，学生是很想了解老师课堂以外的一面的，因此，我主动和学生谈起我的家庭，尤其是我的儿子和他们一样都是1995年出生的，属猪，所以我就称他们是一头头可爱的小猪，他们也戏称我为猪妈妈。我也谈起了我的爱好，比如踢毽子、打排球、打羽毛球等。同时真诚地向他们发出邀请：“你们上体育课想找人练手，我可是不错的人选哦。”事实证明和学生打球是师生沟通的好方式。当然我也会不失时机地投其所好，告诉学生我喜欢上网聊天、写微博、网上购物等，很自然地我们成了QQ好友。通过QQ我们师生互动，通过聊天我们互相了解。小方同学在QQ上说：“我要成为三(4)班的一匹黑马。”我马上就给予他极大的肯定和支持，我想这在学习上给他的不仅是老师的鼓励，更是朋友的关心。这样互换信息自然而然就缩短了彼此的心距。当学生感受到老师的诚意后会主动积极地谈起他们自己的情况。因此，对每一学生的家长姓名、电话号码、职业、家庭收入和家庭住址，我都做了翔实的记录，并将电话号码存入手机，以便随时联系。这是做朋友必须具备的。

其次，敞开心扉是做朋友的关键。

做了朋友，彼此真诚相待是延续友情的纽带，而敞开心扉又是真诚相待的主要表现形式。学生小张在给我的信中写道：英语像一座大山挡在我面前，高三了，我无处可躲，只有面对。我给她回复道：面对了，就释然了，释然了，心态就摆正了，那就不愁英语上不去啊！记住：老师永远和你在一起。我给陈琦同学的回复则是：努力在我们每一天的学习中，进步也在我们每一天的学习中，惊喜会在我们的高考中。针对不同学生的不同情况，我给他们的回复和留言都因人而异。回复完9个孩子的信后，我心中略感欣慰。欣慰的是他们由以前的被动学变成现在的主动学，这可是一种质的飞跃啊。可是他们同时伴有的不自信很是让我担心，一次偶然的机会，我在网上浏览了一位高三学生写给自己的一封信，在此摘录一小段：

> 亲爱的自己，未来的日子里请你管住自己，不上网并不会折寿几年，你喜欢的书也不是只读一年就会绝版，还有你的手机也并不是长在你身上的器官，离开这些一样活得好好的，你要知道你身上背负的不只是你一个人的命运，还有为你日夜操劳的家人，都是你必须偿还的债，你没有理由也没有时间不努力了，亲爱的自己，请你加油！

这信的内容非常适合他们现在的心境，我立刻从网上手抄下来，之所以手抄而不是打印，是因为我觉得手写的信有情感、有灵魂。这封信在学生手中传递着，也在他们的心上流传着，引起了他们强烈的共鸣，拨动了他们心灵的琴弦。小王、小刘等同学也手抄了下来，说是随时鞭策自己警醒自己。

当孩子的学习态度端正且信心十足的时候，所需的就是学习方法上的指导，我就此对他们做了一个专题交流：高三复习阶段高效的学习方法。孩子们从中收获了自己的学习方法，成绩有了明显的进步。

当然孩子的成长、进步是离不开家长的，我与家长也是敞开心扉说实话。因此，我们彼此有着良好的沟通。有家长发来如此的短信：学校导师制让我很满意，也更放心。我代表家长真诚地道一声谢谢！尊敬的老师，你们辛苦了！我也回寄给家长一份新年贺卡，代表了导师们的一份心意，也进一步促进了导师与家长，学校与家长的友好关系。

最后，彼此信任是做朋友的升华。

有了前面的情感铺垫，我与学生建立了深厚的友情，彼此信任成了我们之间固若金汤的催化剂。有同学主动来找我说：老师，把手机放您这儿，放假回家的时候我再来拿。听到这儿我有一丝暗喜，被学生信任的感觉真好。还有同学在信中写道：我觉得您的课堂很活跃，很吸引人，让人有种向往的感觉，要不是我期末考试英语考得很好，不然我也不会这么幸运地和您相聚在这个教室……到这些只言片语时，我从中读到了孩子们对我的信任，我既是他们的良师也是他们的益友，作为一名老师，还有什么比这更值得欣慰呢？

我会好好珍惜与孩子们的彼此相遇，继续做实学生成长导师工作，让朋友关系的师生快乐地学习、愉快地工作，幸福地生活在当阳市职教中心的校园里。

导师和学生一起跑操

党委书记、校长 林卫兵

导师经验交流会

每个学生都受到关爱

——当阳市职教中心“学生成长导师制”工作掠影

当阳市职教中心从提高学校德育工作针对性和实效性出发，构建了“全员育人”德育工作体系，从2012年秋季学期开始推行“学生成长导师制”活动。学校为每个学生安排一位导师，推动师生之间积极平等的充分互动、教书育人的和谐统一，做到“教师人人是导师，学生个个受关爱”。

拓展活动——团队浮桥

学生军训

在推进“学生成长导师制”向纵深发展过程中，该校总结出“学生成长导师制”的工作原则，并概括为：“一个中心、两种角色、三字真经、四导核心、五者关系”。即坚持以学生为中心，把握教师与导师的两种角色的转换，要多念“责、情、实”三字真经（责就是用负责的态度去工作；情就是与学生、家长建立友情；实就是工作务实），对学生从思想上引导、学业上辅导、生活上指导、心理上疏导，正确处理好导师、学生、家长、班主任、学校这五者之间的关系。

一年来，该校的“学生成长导师制”在实践探索和理论研究上都初见成效，学校重大安全事故为零，学生违纪率明显下降，辍学率显著降低，校风校纪得到根本好转，受到家长和社会的一致好评。导师撰写论文、家访随感、案例达300余篇，其中朱华民老师的《七步曲奏美导师工作交响乐》在“全国教师教学设计与创意征文比赛”中荣获一等奖。学生在湖北省第六届中小学信息技术创新与实践活动、湖北省中小学电脑制作作品评选暨第七届中小学信息技术创新与实践活动等大赛中均取得了优异的成绩。

师生欢庆元旦佳节

学生毽球比赛

导师与学生谈话

学业辅导篇

学业是技能的基础，技能是劳动者的立身之本。通过学业辅导使学生掌握扎实的专业技能，不仅关系到学生的就业竞争力、学校的教育质量，而且关系到我国技能型社会建设的成败兴衰。

毋庸讳言，目前人们对技能型人才还存在种种偏见。在此情况下，如何帮助学生树立技能立身、技能报国的志向？怎样培养学生的工匠精神？遇到自暴自弃、“油盐不进”“玩世不恭”的孩子怎么办？技能训练通常都是重复性的工作，学生感到枯燥、想打退堂鼓怎么办？为使学生尽快适应技能大赛的训练，指导教师需做好哪些方面的工作？在技能训练中学生与专业辅导老师发生矛盾怎么办？在产教融合、校企合作的过程中，导师如何发挥作用？导师带学生到外地实习要做好哪些工作、打好哪些方面的“预防针”？学生对企业一线的工作不适应、怕苦怕累怎么办？实习过程中学生生病了怎么办……对于这些问题，当阳市职教中心的老师们在“学生成长导师制”的实践中，做出了积极探索，积累了较为丰富的经验。

学业辅导篇收录的13篇论文，反映出老师们对学生的拳拳爱心，对职教的敬业精神。一位教师写道：注重提升“爱”的艺术，一定会产生“软泥也能扶上墙”的效果……有位教师，为了培养一位男生对汽车修理的“专业认同感”煞费苦心；有位女教师打“亲情牌”，用“善良的谎言”使“至尊”的师生情逐渐变成了“母女情”；有位教师，用“伯乐”的眼光发现了学生闪光点，用“牧羊人”的做法擦亮学生的闪光点，用阳光般的爱心续航学生的闪光点，终于使“闪光点”变成了“亮点”。从四川移民来的学生小尹，幼年丧母，父亲两年前外出打工时右手被机器打断，小尹想放弃学业外出打工，改变家庭经济现状。女教师就给小尹讲了一位可怜女孩改变命运的故事。小尹敏感地意识到，那位女孩就是正在和自己谈话的老师。“老师和你讲自己的人生经历是希望你不要放弃自己，知识才能改变命运，你现在还不到15岁，出去打工并不能改变家庭经济现状，你只有和老师一样，努力学习，从大山中走出去，才是真正为你的未来和家庭着想。”小尹发奋学习，在2021年全国职业院校学生技能大赛工业产品与创客实践赛项中荣获三等奖。

这些老师成功的经验，最重要的一点就是“情”。当阳市职教中心“学生成长导师制”的实施要点中，有一条搞好与受导学生关系的“三字真经”，即“责、情、实”。其中，“情”是“真情待人、情感化人、与学生建立友情”。“情”起着“桥梁”“纽带”“润泽”的作用。没有“情”，“责、实”就会落空。“人非草木孰能无情?”中职学生如同干涸的禾苗，更需要“情”的雨露滋润。只有施之以爱，动之以情，才能达到“导之以行”的目标。杜甫有诗云，“疏凿功虽美，陶钧力大哉”，意思是说，大禹治水的时候，把长江三峡也给疏通了。大禹治水用的那个转轮——陶钧，具有无比神奇的力量。“陶钧”有“陶冶”之意。老师们用师德的“陶钧”，也能疏通学生心头的障碍，使学生在技能的学海上扬帆远航。

（向三久，华中师范大学教授）

让内心的“大卫”走出来

徐　涛

我曾听说这样一个故事，29 岁的米开朗琪罗雕刻出旷世巨作《大卫》，当世人问他是如何创作出来的，他说，大卫本来就在石头里面，他只是让大卫走出来了。

一、案例简述

小李是汽修班的新生。从入学起，他就没有认真上过一天学。上文化课时，他总是趴在桌子上睡觉，作业从来不做；上专业课时，他老是躲在最后面，不仅不认真观摩老师的演练，而且从不动手操作。线上课全部缺席，不接听电话，不回复短信。家长工作忙，平时很少在家，拿他一点儿办法也没有，复学后，他甚至连学也不想上了。

二、案例分析

要解决问题，首先得搞清楚问题的根源。趁着运动会、篮球比赛等活动的空当，我找机会跟他聊了几次。中考失利后，因为没有考上高中，他有些心灰意冷。学校，是他爸爸帮他选的；专业，也是他爸爸帮他挑的。“我爸说了，拿到毕业证就行。反正以后又不干这个，学不学又能怎么样！我以后要接管我爸的公司，我不用修车，我的车坏了，我爸会跟我买新的！”我跟他爸爸联系后，证实了他说的话。家里对他的学习的确没有什么要求，只希望他安稳毕业就行。

这样说来，小李的问题就十分明显了，主要有三个：

(1)个人因素：因为中考失利，心灰意冷，迫不得已选择中职，对于未来的学习生活没有多少期待和憧憬。

(2)家庭因素：家庭经济情况较好，只希望他安稳毕业就行，未来工作有去向，没有就业压力，所以他也没什么学习动力。

(3)社会因素：受社会上旧思想影响不认同职业学校，也不了解汽修专业，看不到专业的发展前景，感受不到专业的魅力，对汽修专业缺乏认同感。

三、实施过程

如何有效地提升小李的专业认同感呢？

1. 曲线救人，走近专业

拒绝，因为不了解。

小李对汽修专业的漫不经心，说到底是因为他并不了解汽修专业，看不到汽修专业的发展前景，感受不到汽修专业的魅力。我决定曲线救人，想尽一切办法，让他有机会走进专业。

小李很喜欢摆弄计算机，特别擅长做 PPT。因为喜欢，他自己花钱报了一个 PPT 制作网课，而且还下载了不少 PPT 素材。我决定先忽略他的学习态度和作业问题，热情邀请他加入班级的主题班会与班级活动的策划小组。

按照班级建设方案，每个学期，我们班都有两次与专业有关的主题班会，还有两次专业主题活动。小李走马上任后，先后协助制作了四次主题班会的 PPT，参与策划了三次主题活动。每次主题班会策划，他都会跟同学们一起收集大量的专业现状、专业发展、专业精英人才的素材。那些高精尖的生产工艺和流程，那些高性能高品质的汽车产品，那些手艺精湛的技术工匠，让他眼前一亮。他主持制作的PPT，无论是色彩搭配、文字解说，还是版面设置，处处都彰显着“汽车人”的自豪。他的努力得到了同学们的一致肯定，他本人也被冠以“PPT大师”的美称。

作为主题活动的策划人员，他有更多的机会与优秀学长、专业名师、企业负责人接触。每一次汽修人才讲座，每一回汽修企业参观，都使他见到更多的逆袭成功的汽车学长，了解到更多的汽修专业知识，感受到汽修专业的独特价值，从而慢慢走近汽修专业。

2. 家校合作，一致向心

教育的效果取决于学校和家庭的教育影响的一致性。

帮助小李提升专业认同感的同时，更重要的是提升其家长的专业认同感。通过单独面谈、微信沟通、电话访谈、家庭访谈等方式，我多次与小李家长沟通交流，试图与他们取得一致性，使他们明白：对孩子而言，重要的不是依靠家庭坐享其成，而是自力更生自食其力；重要的不仅仅是有一份工作，而是能从工作中得到一份成就感，从而收获快乐和幸福。

真正使小李家长的观念发生改变的是一件事。那一年的春节，小李全家在外旅游。大年三十的晚上车子抛锚了，周围的汽车维修店都关门了，一家人被困在路上，不知道怎么办才好。情急之下，小李给我打电话。在我的指导下，他克服了内心的焦躁和畏惧，一点点地试，一点点地摸索，最后竟然成功发动了车子。一家人都对他竖起了大拇指。

从那以后，小李全家都支持他学汽修。家里的亲戚车子出了问题，都会在第一时间想起小李。在服务家庭的过程中，小李更真切地感受到汽修技能的价值。

三年级，班级开展模拟面试活动，邀请家长扮演行业的面试官，根据企业的职位条件，对学生进行模拟面试。我特意邀请了小李的家长参加，让小李看到家长对他的关注，也让家长有机会看到小李的成长。

3. 师徒结对，小组帮扶

观念改变了，技能上不去，小李仍无法获得真正的专业认同感。

当阳市职教中心汽修专业采用的是现代师徒制的教学模式。第一学期的实训课，小李完全游离于实训课之外，起点很低。新学期开始，我联系了实训课老师，请他专门挑选小李做小徒弟，单独手把手地教授他技能。做一遍，学一遍；错一回，改一回。在老师的精心带领下，小李的专业技能慢慢上路了。

根据汽修专业的操作特点，采用的是4人小组学习制。组长负责，组内相互学习，共同进步。我特意把小李安排到一个专业技能强的学习小组，挑选了三个实践能力强、有责任心的组长和组员，带动小李一同前进。

班主任老师的重点关注，专业老师的重点帮带，同伴的重点关爱，使小李迅速赶了上来。二年级时，小李凭借出色的汽修技能，被同学推荐为本专业的技能小明星；三年级时，他更是凭借过硬的技术、较高的责任心被班委会推荐，成为班级6名专业教师小助手之一。

4. 活动大赛，秀出风采

专业技能的意义，在于学，更在于用。所谓学以致用，才能更真切地体味到专业技能的价值。

班级先后开展了系列汽修专业建设活动，诸如“实操能手我评选”“超级工匠我来秀”“教学秘书我来当”“志愿服务我愿做”“汽修技能进我家”等。一开始，小李游离于这些活动之外。自从在“汽修技能进我家”活动中尝到了甜头，获得家长的称赞和肯定之后，他就有劲了。先后参与了班级和学校的多项志愿服务，带着汽修小技能走进校园，为老师们服务；走进社区，为邻居们服务。小李所在小组的几个小伙子，还利用擅长的短视频拍摄技术，创设了班级的抖音平台，为班级同学录制汽车维修知识小视频，获得了不少称赞和肯定。

除了活动之外，小李还在老师的单独辅导、指导下，参与了校级、市级比赛，都获得了不错的成绩。在这些实践活动、技能比赛中，小李获得了从未有过的存在感、满足感、价值感和幸福感。

在一次省级技能大赛中，他获得了汽修赛项一等奖的好成绩。他得意地跟我说：老师，以后你的车有任何问题，包在我身上，将来，我要成为全国最厉害的汽修技师。我开玩笑问他：你爸的公司怎么办？他还等着你回去继承家业呢。他不服气地说道：他有他的事业，我也会有我的事业，说不定将来我爸还要靠我养老呢！

四、拓展反思

中等职业学校的专业建设，不仅是中等技术人才培养的重点，更是学生实现人生价值通往理想高峰的平台。较高的专业认同感，能很好地激发从事职业的自豪感和责任感，从而将从事的职业当成自己的事业。我有以下几点思考：

(1)作为中职生导师，必须给予学生正确的专业引导，努力培养学生的专业认同感和专业情怀。

(2)因材施教，关爱学生，了解学生的成长经历和心理状态有利于找到问题的关键并解决问题。

(3)家校共育，携手同行，家庭的配合有利于形成强大的教育合力，更有利于学生的成长。

(4)根据学生实情抓住教育的契机，曲线救人，给予学生肯定与鼓励，让学生体会到专业技能的价值，得到存在感。

每一个中职学生都是独一无二的“大卫”。他们被包裹在职业生命的石头中，默默无闻，平淡无奇。作为学生成长导师，我们要做的就是看到他们职业生命的存在，竭尽所能帮他们勇敢地走出来，成为一个“职业大卫”。

巧施亲情浇灌“花”成长

张玉巧

一、学生基本情况

小陈，女，17 岁，性格开朗、活泼，学习成绩较好，护理技能操作较熟练。是独生子女，父母在外地打工，奶奶在家照顾其生活，家庭经济条件较好。

二、发现问题

从担任导师以来，我与她进行了多次交流，发现她有很强的上进心，学习上也有一定的自觉性，成绩处于中上游。学校于 2023 年参加全国及宜昌市中职学校护理技能大赛，第一次初选时她没有被选上，第二次再选选手时学校要求学生自己先报名，她几次到我的办公室打探消息，通过观察和交流得知，她很想参加护理技能大赛，但是又担心自己的身材不够好，如果报名后被老师选不上很丢人，被选上不能获得好名次也很丢人，所以很犹豫，不知道该不该报名。

三、制订措施与实施效果

了解她的思想状况后，我主动找她谈心，先鼓励她报名，然后考虑对她的受导措施。

1. 树立信心，战胜自我

树立信心，勇于报名。由于她对是否报名参赛有较大的顾虑，犹豫不决，我告诉她，报不报名是你的问题，能否被选上则是老师的问题，更何况你的优势很大，机会错过就不会再有了，为什么不珍惜机会呢？我还把她带到实训楼里，让她穿上工作服在镜子前反反复复看，以增强她的自信心。最终她决定报名参赛。

树立信心，敢于拼搏。虽然被选上了，训练一段时间后她出现了疲惫感，又开始打退堂鼓，我把自己的感受和体会告诉她，对于技能大赛，老师与学生都没有参加过，大家都缺乏经验，也都需要树立信心，团结一致才能完成好任务。我还利用休息时间通过 QQ 给她留言，如距宜昌市护理技能大赛还剩一天时的留言："剩一天时间了，抓紧练，你的语气语调比较好，是优势，相信自己，操作就按平时练的做就行了，普通话能注意点会更好，如果按平时说的说了也不要再重复，OK！"虽然是短短的几句话，却稳定了她赛前的紧张情绪，增强了参赛的信心，鼓舞了参赛的斗志。比赛结束了，她获得了二等奖，我又给她留言："花，我没有说错吧，看好你是对的哦，很多时候要相信自己！"有时候导师的话语虽少，但可以起到关键作用。

2. 细微入手，亲情关爱

她父母在外地打工，虽然家庭经济条件较好，但是父母很少回来看她，奶奶年纪又比较大，不可能经常到学校给她送东西。我就主动找她谈心，在生活上给予关心，大打"亲情牌"，给她讲我在工作中生活上曾经遇到的困难和问题，让她了解我，主动亲近我。同时我会经常买一点牛奶、水果、巧克力、卤鸡蛋等给她增加营养，调理情绪。给东西时，我怕她多心，就告诉她：牛奶、巧克力是我儿子买的，我吃不完，拿来一起分享；水果、卤鸡蛋我也要吃，所以多买了一点。就这样，点点滴滴，细微入手，不知不觉中我们无话不谈，使至尊的师生情逐渐变成了母女情。

3. 循序渐进，因材施教

我已多年没有指导学生参加技能大赛，当今知识日新月异，参加技能大赛难度和压力可想而知，学生的心理素质、文化程度都较差，参赛选手的知识与操作能力参差不齐，这就需要导师承认学生之间的个性差异，善于发现个性，研究个性，发展个性，针对不同的学生因材施教。古语有云：授人以鱼不如授人以渔。她心理素质较好，但自学能力欠缺，医学基础知识不牢固，如果只教给她知识，就只能死记硬背，教给她学习方法，则会收到事半功倍的效果。因此我制订学习计划，从最基础的知识开始，每天布置一定的学习任务，晚自习对一天的学习进行总结，看到成绩，积累经验，发现问题，注意训练她的自学能力，变“让她学”为“她要学”，经过一段时间的训练，她已经掌握了较好的学习方法，各方面也有了很大的改变。

四、存在的问题与不足

在书写案例时，我在思考：为什么有时候导师工作不顺利，学生的各方面转变不明显；教师以工作忙为借口，导师工作就会流于形式，注重完成上交资料而疏于与学生深入交流。学生时间安排较紧，老师与学生接触时间太少。一个老师受导的学生太多，有时力不从心。

五、案例反思

(1)心与心的碰撞才能产生火花，只有让学生“亲其师”，才能让学生“信其道”。导师与学生的交流是建立在信任的基础上的，要让学生知道导师的一切活动都是为她好，要从细微之处入手，多方面关爱学生，建立亲情，导师才能走进学生心里，与学生成为朋友。

(2)中职学生各方面能力较差，自信心不足，要多鼓励，多帮助，少批评，用放大镜看待学生的优点，用包容的态度对待学生的缺点，不急不躁，循序渐进，因材施教，我们的校园处处就会开满可爱的个性之花，我们的学生就会成为社会工匠！

挖掘学生闪光点，放飞学生青春梦

曾爱华

中职学校学生管理难度较大，学习成绩不理想，这是当今现状。作为一名中职学生导师，如何提高学生的学习成绩，如何管理学生，如何让学生由被动学习变为主动学习，是一个值得深入探讨的问题。担任多年的导师，我深深感悟到，只有充分挖掘学生的闪光点，才会放飞学生的青春梦想。

一、用“伯乐”的眼光去发现的学生闪光点

中职学生普遍有消极心理，他们或思想行为差，或学习成绩差，因而总认为自己不如别人，加上时常受同学冷落、讥笑，长期心理压抑，不思进取。但在我眼中，她们每一个都是多姿多彩的，每个学生都是百花园中的一朵鲜花，只不过是花开有季。作为导师，就是要及时发现这些花朵，巧施肥料，让这些花朵绽放出她们的鲜艳。

如何去发现呢？我的做法是深入学生，用心去发现学生的闪光点。每当接手一批新的学生；我和大家一样，是一名学生，和大家一起上课(无课时)，一起做作业，一起吃饭；多观察多引导他们，同学们往往会发现自己或他人身上隐藏着许多闪光点，比如有的擅长体育活动，有的喜欢文艺表演，有的喜爱写作、绘画，有的游戏玩得好，有的讲义气，有的性格开朗，有的幽默风趣，等等。

当然，也有例外，有极少数同学，对什么也不感兴趣，上课从来不听讲，从

不做作业，不是睡觉，就是讲话。用其他老师的话来说，就是“油盐不进”“玩世不恭”。

记得2012级一年级计算机班的学生小谭跟我说：“老师，我什么特长都没有，我最不喜欢书，不想看书。”我说：“是吗？你旷过课没有？”他说：“没有。”我说：“学生干部和老师批评你时，你顶嘴没有。”他说：“没有。”我说：“你至少两大优点：一是你有他人无法企及的意志力，因为你上课什么都不做且又不旷课，能坚持到今天；二是你心态好，有极强的抗打击能力，因为无论是学生还是老师批评你，你都不顶嘴也不抱怨。如果你能把你这两大优点用到其他方面，比如参加计算机技能大赛，一定会取得辉煌成绩。”我说完，他眼里立刻放出了光芒，后来他参加了我指导的“湖北省的NOC大赛”，果然取得了省一等奖的好成绩。并且作为第一届技能高考班学生，顺利考上本科。

二、用“牧羊人”做法去擦亮学生的闪光点

要发现学生的闪光点，其实并不难，只要老师有一双善于发现的慧眼，做一个从多角度透视的有心人。难点在于如何让学生的闪光点闪闪发光。我们不妨学学牧羊人的做法，他们每天都有寻找最肥最嫩的草地去放牧，一位优秀的导师一定会为学生寻找最适宜他们发挥闪光点的时机和场地。

1.“晒”亮点，“拾”自信

我每个星期利用“导师进班级”活动，“晒”一次学生的闪光点，学生先自己找，再相互找，最后，我帮学生找。不管闪光点的大小和多少，每个人一定有自己的闪光点。下一次“晒”的时候，每位学生都要说一说，上一次的闪光点增大增亮没有，有没有发现新的闪光点。一次次“晒”，学生就越来越明白自己身上还有这么多闪光点，学生的自信心就越来越足，正能量就越来越强。

2.“选”牧场，“任”驰骋

我校每学期组织各种社团活动，比如运动类有乒乓球、羽毛球、足球、篮

球、排球、毽球、跑步、跳绳等，文艺类有唱歌、舞蹈、朗读、演讲、绘画、书法、剪纸、雕刻等，还有和各专业有关的各种技能比赛等。省市每学年都要举行各项技能大赛、文明风采和大中专学生演讲活动。这些都是学生任意驰骋的牧场，学生可以根据自己的闪光点，任意选择一两个参加大赛活动。我鼓励每一个所导学生都能参加各种社团和大赛活动。

三、用阳光般的爱心去续航学生的闪光点

生活中许多人是习惯性“羚羊思维”的牺牲品，通常，问题并不是他们朝目标努力的过程中犯错，而是他们没有坚持向目标努力。导师用慧眼发现学生的闪光点不难，找到学生任意驰骋闪光点的牧场也不太难，难的是如何为他们的持续续航充电。

1. 学会换位思考，学生起航的基石

《正面管教》系列丛书中一直在强调一个观点：教育孩子是不能太心急的，因为孩子的成长和发展是一个日积月累的过程，任何投机取巧的行为都是对孩子的一种伤害。这是对孩子父母的忠告，同样值得我借鉴。只有换位思考，为学生着想，站在学生的角度思考问题，导师和学生之间才会减少很多误会，才能更准确地发现学生的闪光点，才能更好地获得解决问题的办法，才能更快地促成学生起航。

2. 给予信任鼓励，学生腾飞的助推器

陶行知说过：“真教育是心心相印的活动，唯独从心里发出来，才能打动心灵的深处。”所以，真正的信任鼓励，要和学生用“心”交流，即使学生身上的闪光点十分微弱，我们也要用放大镜来看，哪怕学生的进步只有一点点，我们也要及时发现，并给予充分的信任和鼓励，那么，学生就会在最广阔的“牧场”上尽力腾飞。

3. 畅通家校桥梁，学生永航的“核动力”

每个孩子都是父母心中的宝，在父母的眼中，自己的孩子是最优秀的。但在现实生活中，家长和孩子之间交流并不畅通，其原因是多方面的，有留守学生的原因，有单亲家庭的原因，有溺爱的原因……那么，导师如何让他们的交流畅通呢？家长在身边的，我就家访；家长不在身边的，我就电话联系，并且每月与家长、学生视频一次。当然，无论是家访，还是视频，导师应以学生朋友的身份和家长联系，无论他们的孩子在学校给自己带来多大的麻烦，肚子里有多少气，从不把气撒在家长身上，而是极力肯定学生的闪光点，和家长一道来挖掘学生的闪光点，并商量如何利用学生的闪光点，让学生永远保持腾飞的动力。

雨露滋润方能繁花似锦

文光常

做学生成长导师是要真心付出的，付出的爱像雨露一样滋润禾苗成长。这一届学生，我受导学生 12 名，他们是 2017 级机加工模具班的，都是男生。其实，做学生导师最重要的一个环节适时谈心沟通，并做好家访，走进学生家庭，知根知底，有的放矢做好工作。下面谈谈我的导师工作。

一、受导学生情况分析（见表 1）

表 1

	受导学生姓名	单亲家庭	留守学生	学生性格	学习成绩	家庭经济状况	接待家长
1	小鹏	否	否	健康活泼	差	好	父亲
2	小明	是	是	孤僻	差	差	外婆
3	小武	是	否	孤僻	差	差	婆婆
4	小秋	是	是	健康活泼	差	差	邻居
5	小林	否	是	健康	差	一般	邻居
6	小宇	否	否，妈妈在外打工	健康活泼	差	好	父亲
7	小强	否	否，爸爸在外打工	暴躁	差	一般	母亲

续表

	受导学生姓名	单亲家庭	留守学生	学生性格	学习成绩	家庭经济状况	接待家长
8	小军	否	否，妈妈在外打工	偏激	差	较好	爷爷
9	小杰	是	是	健康	较好	一般	父亲
10	小帅	否	是	孤僻	差	差	婆婆
11	小俊	否	否	健康	差	差	双亲
12	小亮	是	是	孤僻	差	一般	姑妈

从表 1 可以看出，单亲家庭学生 41. 67%，留守学生 50%，性格孤僻或偏激学生 50%，成绩差学生 91. 67%，家境差学生 41. 67%，父母亲接待老师家访的学生 33. 33%。简单的数据和分析得出：这些学生亟待帮扶。

二、一次家访一段感怀

与受导学生交往，我发现 19 岁的小明同学性格迥异，他年龄明显偏大，虽是班长，却话少，缺乏自信，这自然引起了我注意。我找他了解情况，他始终保持沉默，不愿意交谈。如何打开他的话匣子？在家里，我与爱人唠叨起这件事，“这样的学生可能长期缺乏母爱和父爱，你不如买一点零食到他家去看一看”，爱人说。

记得那是 3 月 7 日晚上 9：00 后，我带着一大包零食敲开了他家租住的房子。他看见我先是一脸惊诧，马上又恢复到木然状态。

家里大人只有年迈的姥姥，姥姥说：“孩子造孽，父亲被劳改，他们三兄弟靠妈妈打工抚养。小明是老大，读高二，老二小勇辍学去广州打工，老三小浪在玉阳三中读九年级。小明和小浪在当阳相依为命，每月只有 300 元生活费，妈妈远在广州一家制衣厂打工，工资也不高，小勇 17 岁，还是学徒工，没有收入，全家人可怜哟！”

我环顾家里，徒有四壁，租的房子是一楼，很潮湿，室内散发着令人难闻的异味。我把零食袋递给小明，他很激动，嘴角蠕动着想说什么，他看了姥姥一下，感激之情溢于言表。

我向孩子、姥姥宣讲职业教育好政策，学好技能更易出彩，讲了两个学校毕业创业成功的案例；看得出小明眼里的希望和坚毅。离开时，他拉着我的手边走边说："文老师，谢谢您！不管多么困难，我一定会好好完成学业。"

回家的路上，我的心沉甸甸的，很不是滋味，似有所悟：这些孩子就像干涸的秧苗，需要雨露滋润啊！

三、耐心帮扶雨露滋润

我受导的12名学生，他们性格、家庭都不一样，唯一比较一致的是学习成绩差，如果只与孩子们讲学习守纪律，是很难与他们交心的，在制定帮扶措施时，只能一对一地帮扶。

小鹏，父母都在当阳打工，我家访是在他父亲的工厂，工厂灰尘很大，看见他的父亲时，他父亲虽戴着防尘面具，但眉毛、鼻子、脖子都黑黑的。这个场景小鹏万万没有想到，我轻轻地说了一声："你看一看，爸爸的工作环境多差！为了一家人的生计，他仍在默默坚持。"小鹏当时就哭出声来了。据说他妈妈的工作也是时间长收入低。小鹏能遵守纪律，但自律意识淡薄，我会经常提醒他；走进寝室指导生活时，我会摸一摸他的床褥，帮他摆一摆鞋子，小鹏都会主动配合。

小武，九年级时父母离异，妈妈已另外组织家庭，爸爸因手残疾在一家乳企打工。小武与爸爸交流很少，所以较孤僻，他最大的愿望是参军。与我交流时，他说："文老师，我最喜欢你经常找我谈心，你的话我愿意听。"我经常告诉他，"军人必须爱国爱人民，政治过硬，品德过关，有组织纪律，有知识技能，有强健身体"，他都写在笔记本上，默默改变，争取进步。

小秋，孤儿，父亲因尿毒症去世，母亲改嫁。孩子外在表现很阳光，也很自强，但实际上十分渴望被关心，所以，我对他经常鼓励，不管在教室还是寝室，我坚持每月至少与他进行2次谈话，每周1次走进寝室关心生活。

小亮，父母离异，既是单亲家庭，又是留守学生。他在教室里坐在最后一排，也是我特别关注的对象，他告诉我：“最大的愿望是参加单招，在大学里去参军”，我帮他打听单招的信息，鼓励他完成作业，还告诉他当兵需要政审，所以在学校不能违纪。

一年下来，一段辛勤地帮扶如一阵阵雨露滋润，受导学生们从不愿接触到慢慢靠近，从不言不语到开心诉说，从似有抵触到心有灵犀……他们与我这个导师无话不说，他们的精神面貌如繁花似锦，健康成长迈步向未来。

追随光、靠近光、成为光、散发光
——成为骄傲的自己

程 园

德国著名哲学家雅斯贝尔斯说：“教育是一片云推动另一片云，一棵树摇动另一棵树，一个灵魂召唤另一个灵魂。”要想学生有所改变，一定要“影响”先行，让学生追随光、靠近光、成为光、散发光。

最近有一篇博士的论文答谢部分火遍网络，堪称现代版送冬阳马生序。该论文致谢振聋发聩直击人心，炽热的文字间无不透露出求学之路的艰辛坎坷，寥寥文字仿佛叙述了作者一生的悲欢离合，时光不负有心人，时间看到了每一份努力。读完答谢内容，不禁让我想起了学生小尹，他出生在一个六口之家，在他出生七个月大时，体弱多病的妈妈便失去了生活自理能力，老天是多么地无情，一个连话都不会说的孩子，一个连路都不会走的孩子，失去了母亲的呵护。

2017年，他们举家从四川的大山深处搬迁到当阳庙前安家落户，陌生的生活环境、不同的生活习惯，让日子过得异常艰难。为了生计，他的父亲到贵州一个砂场打工，陪他度过童年的就只留下年迈的爷爷奶奶。然而生活的变数简直让他无法想象，两年前，他的爸爸右手被机器打断了，对于本来就不富裕的这个家来说，简直是致命一击。家里经济变得异常困难，连基本的生活都是问题，本来就成绩不太理想的他，想放弃读书外出打工，改变家庭经济现状。

作为他的成长导师，我了解到他的家庭情况后专程去找了他。我坐下来和他讲了一个故事：“曾经也有一个小女孩，身世比你还可怜，9岁父亲就因病去世了，从小饱受世间冷暖，因为漏雨，童年所住的房子，睡觉的床铺没有一块是干的，这个小女孩最不喜欢的就是下雨天。上学时常因穿着破旧而感到自卑，贫穷让人失去了希望，因为成绩不理想，上了中职，被别人瞧不起，有人对她的妈妈说：让娃早点出去打工，女孩读书没什么用，等她再长大一点，就可以嫁人了。但是她很庆幸她有一个疼爱她的妈妈，虽然妈妈没有文化，但是她明白读书的重要性。她说只要孩子愿意读，再苦再难、砸锅卖铁也要供女儿读书。后来她的班主任了解她的家庭情况后，从生活上关心她，学习上帮助她，多次语重心长的告诉她：'不要自卑，读中职也能人生出彩，只要你努力改变自己，是金子总会发光。一定要把书念下去，走出去，用知识改变命运，用努力证明自己，以后为你的妈妈撑起一片天。'小女孩在妈妈和老师的鼓励下，决心改变自己，为自己搏出一个光明的未来，于是她开始发奋图强，认真读书，每天写一篇日记鼓励自己，三年如一日，她的成绩也越来越好，由班级倒数变成了年级第一，最后她以机电技术教育专业状元的身份考入了师范类本科(684 分)，现在这个小女孩也成为一名教师，成为妈妈的骄傲!”听完这个故事，小尹轻声问：“老师，这个小女孩是您吗?”我坚定地回答他：是的，是我，小尹。老师和你讲自己的人生经历是希望你不要放弃自己，知识才能改变命运，你现在还不到 15 岁，出去打工并不能改变家庭经济现状，你只有和老师一样，努力学习，从大山里走出去，才是真正为你的未来和家庭着想。至于学费问题，你不用太担心，国家对经济困难家庭子女上职业学校有资助政策，读中职减免学费、享受国家资助金。如果生活上有困难，老师也可以帮助你，但是你千万不要放弃读书。看着我真诚的眼神，小尹感动得不知说什么，只是一边点头，一边擦眼泪，他说：老师，我以后一定好好学习，我要成为和您一样的人。

后来我向他讲了很多职业教育的政策，也让他明白了职业教育前途广阔，大有可为。职业教育与普通教育是两种不同教育类型，具有同等重要地位。中职学生也可以享受人生出彩的机会，我发现他普通话讲得特别好，于是推荐他参加各种演讲比赛，他也不负所望在演讲上的成绩特别闪亮，先后获得 2021 年全国大中专演讲二等奖、2022 年宜昌市中职才艺技能大赛演讲一等奖、2022 年湖北省爱国主义读书教育活动中职组一等奖。他慢慢变得很自信，积极参加各种活动，也当选了校广播站站长，主持了学校文艺晚会，学习成绩也提高了很多，他认真努力的样子，闪闪发光。

有一天，他忽然跑来告诉我：我现在很喜欢自己的专业，我想学技能，想成为技术能手。看着他坚定的眼神，我鼓励他说：学校现在也建立了一套以日常技能教学为基础、以市级竞赛为驱动，以国家、省级大赛为引领的专业技能教学体系。你可以从本专业入手，先参加学校技能节比赛，有机会的话，再参加市级、省级甚至国家级技能大赛。

从那以后，他凭借着对机械专业技能的兴趣和执著，一头扎进工业产品技能大赛的选拔训练中，并通过自身的刻苦努力，从众多竞争者脱颖而出，在指导老师的悉心教诲和日复一日的训练中，不断摸索，技术技能得到质的飞跃，终于在2021年全国职业院校学生技能大赛工业产品与创客实践赛项中荣获国家级三等奖，通过努力，他也为自己争取到了490分的技能高考专业满分。

如今的小尹正在备战来年6月份的高考，我偶尔也能在校园里看到他。现在的他自信而阳光，眼神坚毅而有星光，整个人散发着自信的光芒，如今的他有勇气和耐心面对任何困难和挑战。他对我说："老师，谢谢您！是您给了我希望，给了我敢于尝试、不走寻常路的成才经历。尽管道路曲折，但幸运的是，技能让我找到了通往理想的路径，未来我将不负青春，不负老师期望，坚定不移地朝着梦想走下去。"听了他的话，我笑了，教师的意义是什么？我想就是：以一灯传诸灯，薪火相传，生生不息。

春风化雨润心田，德技并修书篇章

付彦静

作为一名大赛指导老师和学生成长导师，不仅要教学生技能提高学生的竞赛成绩，还要关心注意学生的身心健康发展。习技先习德，其中如何让大赛学生德技并修，成为高素质技能型人才是我们共同探讨的问题。我以所带的服装设计赛项为例，对技能大赛受导学生德育工作谈些感悟。

一、提高教师自身素质，建立融洽师生关系

习近平总书记说过，广大教师要做有理想信念、有道德情操、有扎实学识、有仁爱之心的"四有"好老师。教师的自身形象和体现出来的精神对学生的影响是巨大的，也是直接的。

作为大赛指导老师，上好每一节实训课至关重要。要想给学生一杯水，自己必须拥有一桶水。除了做好实训课前的充分准备之外，教师技术高超、动作娴熟，无形之中会让学生对老师肃然起敬，更好地发挥老师榜样的力量；在操作时，认真专注、吃苦耐劳，用高度的敬业精神感染学生；在学生操作时，巧妙的启发、耐心的指导、严格的要求体现了学科精神。学生在学习的过程中不仅学到了知识，而且在潜移默化中感受到专业精神，从教师身上体会到责任感、敬业精神。

除此之外，学生的学习效果如何还取决于一定的训练环境。这里的环境包括

实训室的物质环境和精神环境，这种精神环境就是指集训时的学习氛围。融洽的师生关系会有助于营造良好的学习氛围。在课间休息时，我经常组织学生一起踢毽球、做游戏等。通过这些活动无形中拉近了导师与学生的距离，在学生面前更具有亲和力、感染力。在这样的氛围中师生才能融在一起，教学相长。

二、重视赏识教育，激发学生的成就感

"罗森塔尔效应"告诉我们，你对学生有怎样的期待，你就会得到怎样的收获。我们只要对学生多一些关注，多一些尊重，多一些赏识，学生也必定会如你所期望。天生我才必有用，每一个学生都是祖国的未来之光，我们不能单看文化成绩而给任何一个学生贴标签。参加技能大赛的学生可能文化课不好，但在其他方面却可能强于普高的孩子，我们在挑选种子选手的时候要走近学生，用欣赏的眼光去观察学生，用放大镜去发现学生的才艺，就必能找到每个学生的闪光点。对服装班杨柳同学，我就是采用赏识教育，不断激励她掌握专业技能，苦练工匠本领，冲刺省赛、国赛获大奖，实现技能成才，最终她被评为2016年度全国"最美中职生"。

俗话说，"十年树木，百年树人"。在训练过程中，有些基础薄弱的学生跟不上节奏，于是就自暴自弃。遇到这样的情况，我会帮助学生建立起适宜的小目标，带给他们成功的喜悦，一步一个脚印，不断前进，切勿"拔苗助长"。要宽容学生，引导学生，耐心等待，静待花开。

三、注重心理辅导，做学生的良师益友

指导教师不仅要指导学生训练，还要关心学生生活和心理状态，做学生的良师益友，这是大赛训练过程中德育工作的重中之重。技能训练通常都是重复性的工作，训练很枯燥，难免心理压力大或变得浮躁，指导教师需要注重学生的心理状态，随时对学生进行心理疏通，帮助他们树立自信心，其实指导学生的这一过

程，对指导教师也是一个多方面的考验。我从实践中总结出以下三个常见的问题与应对措施。

第一，在大赛训练过程中，学生出现心理困扰时，指导教师应如何引导？

作为指导教师和学生成长导师，当学生在大赛训练过程中遇到心理困扰时，首先需要做的是同理学生的情绪。此时学生最需要的是心理的安慰与支持，所以先不用讲道理，一个眼神、一个拥抱或轻轻拍拍肩膀都是对学生最大的支持与理解。接下来，教师积极倾听，鼓励学生宣泄情绪，待学生平静后，再引导学生理性地思考学习上遇到的问题。学生小李，性格内向，单亲家庭，经常出现情绪波动。我常常利用吃饭时间，与她坐在一起，听听她的倾诉，适当点拨，以大姐的身份告诉她理解父母苦衷与爱心，宽以待人，融入集体，放松自己，开心生活。慢慢地，她脸上的笑容多了！

第二，为使学生尽快适应大赛训练生活，指导教师需做好哪些方面的工作？

大赛训练动员，进行心理疏导。大赛训练是职业学校教学计划的一项重要内容，也是中职学生在校学习的必修课。虽然在入学时学生已了解职业学校的教学特点与模式，但对大赛训练的认识也只是停留在意识层面，并没有真正的体验。在大赛训练前，学生既对未来的大赛充满了期待，又对其不确定性充满了焦虑。因此，指导教师应该结合学校的大赛训练工作计划，提前了解学生对大赛训练生活的各种困扰，有针对性地为学生做好大赛训练动员，让学生从知识、心理等方面做好各项准备。

大赛训练指导课，提高竞技能力。针对学生大赛训练前的困惑与心态，指导教师需开展有针对性的大赛训练指导课。比如，搜集往届学生大赛训练生活资料并制作视频短片，请往届优秀大赛训练生或以前带过大赛训练生的老师介绍大赛训练基地的基本情况及岗位对大赛训练生的基本要求等，通过大赛训练指导，让学生对即将进入的企业有初步的了解。也可以请心理教师为学生上大赛训练前心态调整的团体辅导课，以缓解学生对大赛训练生活的焦虑情绪。

定期召开生活会，进行生活指导。在训练过程中，因学生分布在不同的工作岗位，工作性质不同，工作时间也不一致，这就给指导教师的大赛训练管理工作增加了难度，而且在工作中，学生有着双重身份，既是学生又是员工，受教师和企业的双重管理，由于学生年龄小，又是初入职场，工作中难免会受到一些负面观念的影响，产生心理上的困扰。为此指导教师应定期召开生活会，让同学们畅所欲言，聊聊自己的大赛训练情况和感受，一是可以让学生在工作中积累的各种小情绪得到及时释放；二是让学生通过相互交流拓宽视野和角度；三是让老师及时了解学生的工作及心理动态，以便及时辅导。

第三，学生在大赛训练过程中出现退缩行为时，学生成长导师如何与家长进行沟通？

大赛训练成长期是学生中止大赛训练行为的高发期，很多学生遇到问题时，往往通过采取逃避的方式来解决问题。例如，大赛训练期间情绪低落或焦虑，往往给家长打电话诉委屈、想回家，而家长可能不了解情况，再加上对孩子的牵挂与担心，很有可能会支持孩子中止大赛训练。

作为导师，要与家长保持沟通，及时让家长了解孩子的大赛训练状态，以便获得家长的支持。与家长沟通时需注意以下几个问题：一是把握好沟通的时机，对学生行为要有预见性，发现情绪状态不好、适应不良等苗头时要提前与家长沟通，不要等到学生退出再亡羊补牢；二是沟通时要讲究技巧，先肯定孩子在大赛训练岗时的一些喜人表现，然后说明孩子目前的情绪波动，告知家长，假如孩子打电话诉苦时，不要说“咱不受那个委屈，回来吧”“大赛训练太苦了，不想练就别练了”，也不要说“必须坚持，大家都在练，你怎么就不能吃苦”“比赛就这样，不能太脆弱”，而要给孩子心理安慰，尤其是鼓励和支持，如“大赛训练日子很辛苦，你都坚持了一个月，很了不起”“听你这么委屈，爸妈很心疼，咱们想想有什么办法应对”等；三是与家长沟通自己的工作策略，争取家长的支持，与家长形成合力。

经过专业教师和导师合心共育，学生技能立身、技能成才效果显著。2019年和2022年，王凳巧等6名同学分获宜昌市中职学生服装专业技能大赛一、二等奖；2019年，2018级服装班学生胡清韵参加第一届全国职业技能大赛暨第46届世界技能大赛时装技术项目湖北省选拔赛荣获二等奖；2021年，李思宇、胡清韵同学分获全国中等职业学校学生服装设计与工艺技能大赛三等奖、优秀奖。

深耕细作　匠心育人

邓广青

“老师，62.75，第14名，全国二等奖……”凌晨两点，电话那头的小冯高兴地欢呼着，我也感慨万分。

一、初识

2019年9月，在新学期第一次课上，小冯坐在讲桌前排，圆圆的大头，笑起来两个酒窝挂在脸上，课堂上积极回答问题，课下主动和老师探讨专业发展现状，这样懂礼貌、好学的孩子谁能不喜欢呢？班委会成立时我向班主任李老师推荐了小冯，还让他担任我任教科目“机械制图CAD”的课代表。在导师分配双向选择时，他主动选择我成为他的成长导师，我建了微信群，起名“匠心育人”，把受导的10名学生和家长都拉了进来，在群内分享校园新闻、师生精彩瞬间、CAD技能大赛、技能高考等情况，引导大家了解专业发展动态，鼓励同学们勤学精技，走技能成才之路！

二、入选

全国职业教育大会提出：建设技能型社会，推动形成“国家重视技能、社会崇尚技能、人人学习技能、人人拥有技能”的发展环境。学校依托专业技能教练团队、成长导师打造技能大赛新高地，构建起基于技能大赛的学生成长导师制培养模式，培养适合企业、高校需求的高素质技术技能人才。小冯多次提出想加入我指导的零部件测绘技能大赛集训队，练技能，拿大奖。我建议他高一年级要先立足课堂，踏实认真的学习专业理论知识，以参加技能大赛为奋斗目标，时刻准备好接受学校的选拔，因为机会都是留给有准备的人，他听后坚定地点点头。2020 年 5 月，小冯凭着专业课程的优异成绩和对技能大赛的向往，从 40 名校级技能大赛选手中脱颖而出，成功入选零部件测绘宜昌市级赛项集训队，正式成为我的小徒弟。

三、备战

技能大赛集训是枯燥的，每天早 7:40 到晚 9:30 基本上都在实训室待着，第一个月教练先讲一些入门知识，剩下的就是选手自己训练、提升，这一环节考察的就是选手的自学能力和高度的自控力，淘汰率也很高。教练不在的时候，部分选手容易玩游戏、QQ 聊天等开小差，导致训练任务不能按时完成。集训的第三周，小冯连续两天没有完成训练任务，我生气地批评了他。“老师，我今晚熬夜也要完成任务。”他懊悔地说道。我陪着他一点一点地完成任务，其间语重心长地告诉他：“想在大赛上有成就，必须有工匠精神，要一丝不苟、执著专注、不怠慢、不懈怠。”第二天，我发现小冯实训桌前的墙壁上张贴了一张 A4 纸，上面写着“精益求精、不怠慢、不懈怠”，我知道一颗工匠精神的小树苗开始在他内心中成长。后面我趁机因势利导，鼓励他认真专注地对待每一天的训练，积极完成每一项训练任务，小冯的技术水平有了长足提升，顺利进入宜昌市赛决赛圈，并稳定发挥取得了一等奖的好成绩。

四、起跳

鉴于小冯在市赛中的优异成绩，学校成功申报“零部件测绘与 CAD 成图技术”国赛参赛资格，消息传来，小冯当天就要求开训。学生都这么有干劲，我们老师更不能落后。我召集教练团队一起研讨制定集训方案，师生共同研讨大赛核心技能，指出不足，寻找技能提升的办法。2021 年 5 月，我和小冯远赴广东佛山封闭集训 7 天。就在返回的路上，由于疫情防控需要居家隔离。于是为了不影响集训，冲刺国赛大奖，我主动提议到小冯家隔离，就这样和小冯同吃同住 14 天，确保他完全消化好在外学习的专业技能。“想都不敢想，邓老师能住到我们家里，亲自指导孩子，太感谢了！”小冯的爸爸感激地说道。也正是在这段时间里，我边指导边负责后勤保障，有意识地对他开展自信心培养，纾解心理压力，饭后一起锻炼增强体质，我们谈理想、谈专业发展、谈职业规划，建立了深厚的师生情谊，小冯的技能操作突飞猛进。2021 年 6 月 26 日，零部件测绘技能大赛国赛在辽宁沈阳举行，小冯发挥稳定获得全国二等奖，也创下学校在该项目上的最好成绩。

五、出彩

“教练不仅要把技术技能传授给选手，还要关注选手的生活和心理，要引导学生更好地学习生活。”小冯取得全国二等奖后，和同学、老师的交往中容易洋洋得意，就及时找他谈心，告诫他：你现阶段的目标是认真把集训时落下的文化课补回来，积极备战高三年级的技能高考，在已经取得技能满分 490 的基础上，力争考取本科院校。就这样，当选手得意时我告诫他们戒骄戒躁，当选手失意时我为他们加油打气，亦师亦友，全面呵护，相互成就。在“湖北工匠杯”——全省数字技术及新职业技能大赛中，我指导的三名学生全部获奖，小冯同学还被湖北省人社厅授予“湖北省技术能手”称号。在第二届“中望杯”工业软件大赛中，小张同学获佳作奖，全国第 10 名，奖金 2000 元；小冯获优秀奖，全国第 16 名，奖金 1000 元。2022 年 6 月，小冯顺利考取本科大学，实现中职生向大学本科生的蜕变！

习近平总书记指出，在全面建设社会主义现代化国家新征程中，职业教育前途广阔、大有可为。一批又一批的学生，在当阳市职教中心全体成长导师全方面、全过程的精心培育下，形成了踏实诚信的处世态度，扎实有力的专业技能，专注创新的职业精神，这些优秀的品质，定将使他们的人生更加绚丽多彩！

实习导育，这是“心的期待”

于新刚

9月是收获的季节，我很开心，学校安排我到武汉冠捷显示科技有限公司带队指导学生进行为期半年的实习工作、生活。我想我终于可以轻松了，在学校里一周20多节课，早晚自习，还要指导学生进行社团活动，班级管理，科室工作……真是累。可以离开学校来到企业，指导管理学生实习，只要学生一进公司生产线，我就轻松了，带着这样愉快的想法，我放飞思绪：有天下第一楼——黄鹤楼在等着我去游览，又有“自古天下第一街”——汉正街等着我去购物，还有展现武汉科技创新的“中国光谷”武汉光谷广场等着我去体验……大巴在沪蓉高速上欢快地飞驰。我和学生有说有笑，同学们也畅所欲言，他们都有美好的期望：走出学校，走进企业，做自己喜欢的工作，还拿着一份不错的实习收入。不管是男生、女生都眉飞色舞，终于离开每天要受纪律约束的学校，很是兴奋啊！

不知不觉中大巴带着我们进入实习公司生活区。公司人事和生活区管理员早已等在那里：安排发放生活物品，分配寝室等，学生像是断了线的风筝，没有拘束地提出异想天开的想法：能不能自己约同学，不是一个班级的可以在一起住吗，可以到外面租房子住吗……学生的行李总算搬下车。先吃饭。排着不成形的队伍到了公司食堂，学生炸开了锅，“饭菜还不如学校食堂啊”……下午入住好了，进行管理培训和办理入职手续。我正式成为50名学生的实习导师。

学校为贯彻落实教育部等五部门制定的《中等职业学校学生实习管理规定》，针对不同专业的学生选择对口跟岗(顶岗)实习。实现由学生角色向社会人角色的过渡转变，让他们了解职业生活，融入社会。让所学专业发挥应有的作用，使学生动手操作技能和社会交往能力得到快速提升。实现校企合作，培养工匠人才。

我的想法被现实打破，我们的故事刚刚开始。第一夜注定不平凡。

既当老师，又当“父亲”；既要严格，又要温暖。晚上22:00，同学们才回到自己的寝室：提着可乐罐的、端着泡面的、拿着烧烤签的……我拖着疲惫的腿回到宿舍，准备洗洗睡觉。23:30，电话响起来了：617寝室有4个学生回来又出去了，快去找回来。我一“激灵”，不会有啥大事吧？火急火燎地赶到寝室617，缺了四个人，一问寝室里面的其他同学，他们异口同声地说：出去喝酒了。打电话根本不接。我拖着疲乏的身子跑到生活区附件的快餐店一家一家去找他们，在转角处的路灯下，他们叼着烟，推杯换盏，好不快活。我没有“火冒三丈”，坐下来，看着他们，他们一下子愣住了。我告诉他们，实习学生具有双重角色；既是学校的学生，又是实习单位的员工，不能因实习生身份而放松自己，既要遵守学校的纪律和制度，更要严格遵守实习单位的有关规章、制度和纪律，积极完成交办的各项任务；要从小事做起，向有经验的同志虚心求教，拓展知识面，掌握操作技能，尽快适应环境，弥补不足，培养实际工作能力。如果出现严重违反校纪和厂规，学校会给纪律处分，公司会给予出名。一番语重心长谈话，他们才醒悟过来，发现做错了。

学生实习工作中可能遇到各类问题，都需要爱心关怀，悉心引导。一天傍晚，车间7线江主管的电话打过来，说小王同学感觉不舒服，体温38.3摄氏度。发烧可是大问题，我慌了，先送他到就近的诊所就诊，哪晓得医生横摆头：快点到指定医院。当时是下班时间，只能叫了一辆出租车，刚刚坐上车，就接到小王妈妈的电话，说孩子平时不懂事，请老师谅解！第一次出门都不熟悉，全靠老师照顾了。我说让她放心，会带孩子到医院进行检查治疗。之后，我就与王洋拉家常，让他放松心情，不担心生病也不考虑工作，我都会给他处理好；也问他最近学到什么，鼓励他向师傅学习操作技能，尽早成为技能人才。小王慢慢放松，也表态治好病一定刻苦学技能。赶到医院，直到凌晨1:00，结果出来我才舒口气。给家长发短信报平安，母子都异常感谢。第二天，我关爱小王的故事在实习学生中就传开了，他们称我“导师爸爸”，记得有事一定找“爸爸”。学生听话，我也开心！

在学生实习过程中，因为各种原因：劳动强度、技术不熟练、同事矛盾等，更换岗位的是常态，导师需要动之以情，晓之以理，逐步感化并引领学生明理，克服困难，掌握技能，以企业师傅为榜样，争取技能成才。半年过去了，企业领导、职工给予这班实习生高度好评，认为同学们勤奋好学，一定会成为工匠人才。

这期实习导师管理工作虽辛苦，但看着孩子们的健康成长进步，我非常欣慰和幸福！

数控小哥的逆袭

刘　乐

“老师，我终于不是万年二等奖了，在全国大学生先进成图大赛中，我获得了一等奖!”电话那头传来小辉兴奋的声音。让我不禁想起了小辉高中阶段成长的点点滴滴!

一、案例简述

小辉是我受导的一名学生，第一次单独谈话我了解了他的家庭、学习、生活、个人爱好、心理健康状况等方面的情况。小辉给我的第一印象是一个腼腆稳重的大男孩，上课听讲认真，入学成绩中等偏上。通过了解得知他家是移民过来的，他在家里排行老二，上有哥哥在上大学，下有弟弟妹妹在上初中，父母在家务农，对他的要求不高，家里经济较为困难，他决定混个高中毕业证就去找工作，以减轻家里的负担，我不禁为这个懂事的男孩感到可惜。

通过一段时间的观察，我发现小辉并不是一个完全不求上进、自暴自弃的孩子，主要是由于中考失利加上家里经济条件不好，不愿看到父母那么操劳，才决定高中毕业去工作。在后来的谈话中我有意识的去引导他：每个人对自己未来的规划不一样，不管是就业还是高考都要把专业学好，尤其是就业，一定要有一技之长，不然很难在社会上立足。他若有所思地点了点头!

老师，我能进你的数控集训队吗？一次数控课结束后小辉在我回办公室的路上突然拦着我说。“怎么突然想来参加集训队了?”“您之前跟我说的话我下去想了很久，觉得您说得很对，要在社会立足，一定要有一技之长，这些实训课中我对您的数控最感兴趣，所以想进您的集训队!”看到他目标这么明确，我也毫不犹豫地答应了他！集训了两个多月后，他突然找到我说，不想参加集训了，要回教室上课！经过交谈了解，我发现有以下原因：一是集训过于枯燥乏味，长时间的集训已经让他失去了最初的兴趣；二是训练难度提升，导致有很多问题搞不太懂，进入瓶颈期；三是父母不支持，觉得学生就应该按部就班在教室上课，参加集训耽误学习。

二、教育策略

了解原因后就可以有的放矢来解决问题，于是我采取了以下办法：

1. 心理辅导，走出心理困境

首先换位思考，我站在小辉的角度思考他遇到的问题，再进行深入交流。我跟小辉讲述了自己的中职生活，拉近了与小辉的距离，帮助他分析原因，共同寻找解决问题的办法，定期进行谈话交流，帮他克服畏难情绪，走出心理困境，增强自信心。

2. 榜样引导，激发学习兴趣

推荐他观看大国工匠系列节目，尤其是数控工匠人物胡胜的事迹，了解他的成长历程，通过榜样效应引导学习他刻苦钻研、一丝不苟，不达目标永不放弃的工匠精神，树立目标榜样，再次激发他的学习兴趣。

3. 专家指导，解决技术瓶颈

邀请企业专家赵工到校进行为期五天的专业技术指导，突破技术瓶颈，通过聊天小辉了解到，赵工也是通过中职学校参加高考，并且从中职到高职一直在参加技能大赛，由于大赛成绩突出，毕业前就被目前的工作单位录用，并且工资待遇高，这也让小辉看到专业技术的重要性，进一步激发了他奋斗的热情。

4. 家校沟通，形成家校合力

得知父母不支持小辉参加集训，我先是与他的母亲进行电话沟通，了解家长的想法。原来，父母一开始还是很支持小辉参加集训的，后来父母觉得这样时间久了会把文化课丢掉，影响学习成绩。父母对职业教育不了解，觉得上学就应该在教室上课，天天在实训室还不如直接去社会上学技术。针对了解到的情况，我专门提前做了功课，在周五放学后随小辉一起去他家里进行了家访，跟他的父母讲了国家对职业教育的政策及学校关于大赛的相关政策，父母不但不再担心影响文化课，还表示非常支持他参加集训。我对小辉在校的集训情况也进行了肯定，并进行了鼓励，让他信心倍增，表示以后一定会认认真真训练，取得一个好成绩。

三、育人成效

经过近一年的训练，小辉在宜昌市中职学校学生技能大赛中获得数控铣削项目第二名，刷新了学校在这个项目上的成绩。由于小辉训练态度认真、成绩突出，我推荐他参加了邓老师和我指导的国赛零部件测绘与 CAD 成图技术项目。从接到比赛通知到正式比赛只有一个月时间，这次小辉没有任何犹豫，从早上 6 点半到晚上 11 点，有时甚至更晚，每天都废寝忘食刻苦训练，短短几天时间就掌握了新软件的操作要领，师生经过一个月的共同努力，最终获得了该项目的国赛三等奖。因此，小辉也获得了专业课 490 分，最终以优异成绩考入了湖北工业大学！

四、案例反思

教育的契机是可遇不可求的，要站在学生的角度思考问题，善于观察和分析学生产生问题的内外因素。在解决问题前，关键是要静下心来思考教育对策，在心里设计教育方案，做到有的放矢，扬长避短。如果我在小辉打退堂鼓时没有及时引导，他很可能就踏上了另外一条截然不同的人生道路。每一位学生都有他的闪光点，对学生多加关注，善于发现学生的优点，在他感到迷茫时从思想上给予引导，专业上及时指导，帮助他们走出误区，增强他们的自信心。对于孩子的闪光点，要正确引导，精心培育，告诉他技能成就人生，用行动去扶植他。这样，就能挖掘他们的潜力，让每一个孩子都能发光，为职业教育增光添彩！

唯有勤学苦练，厚积薄发，方能突破重围

纪振兴

“叮……叮……”正值寒假休息时间，急促的电话铃声响起，我接通电话，“纪老师，我不要跟着朱老师搞单片机了，他讲的我听不懂，我已经很努力地学习了，他还一直批评我。”他哽咽着说道。我听后大致知道怎么回事了，我先安慰他说：“不着急，我马上过去找你，我们共同来面对。”

打电话来的是2018级电气班的杨熠同学，我是他的班主任，更是他的成长导师。他是班级的班长，乐观大方、学习认真，头脑灵活，成绩优异，深受师生喜欢，上学年还被评为了“优秀学生干部”和“三好学生”。但是他的自尊心强，在批评他的时候需要注意分寸，如果用力过猛的话，反而会适得其反，也就是我们平常所说的“顺毛驴”。

在放寒假前，他被朱老师选去学习单片机技术，准备在年后4月份参加宜昌市中职学校单片机项目学生技能大赛。现在是寒假期间，由于单片机技术需要学习的知识很多，有本专业的电工电子技术，要熟悉YL-236实训设备中每一个模块的电路及原理，还有计算机专业的C语言课程，对于一名中职学生来讲学习起来是非常困难的。多年来，学生听到“单片机”这三个字都是直摇头，同时这几年在宜昌市技能大赛中，我们总是遭到周边学校的打压，成绩不尽如人意，勉强能获得三等奖，有时还有学生忙活了半年一无所获的情况出现。

面对这突如其来的状况，我马上赶过去处理。在路上我拨通朱老师的电话了解具体情况。“今年领导给我定的目标是市赛二等奖，你也是咱们专业的，你应该很清楚，对于这样的目标，我感觉压力山大，但还是想努力拼搏下。这几天讲

的LCD1602的程序，已经是第5遍了，他还是没有理解，今天没控制住脾气，多说了他几句。没想到出现这种的状况，对不起呀。”朱老师说。“要道歉还是向学生道歉吧，你我都知道，对于我们来讲，学习LCD1602都是关山难越，不看个四五遍是不行的，更何况对于他，那更是难于上天了，所以请你多给学生点耐心，着急解决不了问题。”我说。朱老师思考了一会，说：“你说得对，今天出现这样的情况，是我着急了，没有尊重学生的接受能力，没有遵循教育教学规律，以后我会多点耐心，我会找个机会道歉的。”我刚挂断电话，就遇到了下楼来接我的杨熠。

“我刚和朱老师交流完，首先朱老师对你前期的表现很满意，他说你一点就通，一学就会，是他带的学生中最聪明的。再者，朱老师委托我，代表他先向你道个歉，他还说明天给你打电话亲自道歉的，最后请你仔细想一想，告诉我那个LCD1602的程序讲了四五遍还不会，到底是什么原因呢？”我向他投去真诚的目光。他不敢看我，低下了头，“老师，这几天是我贪玩了，因为比前面的内容学起来更吃力了，所以我有点招架不住，有点想放弃了，是我对不起朱老师，他利用自己的休息时间给我线上授课，而我还……纪老师，我保证以后我会认真学习，努力备赛的。待会，我会打电话向朱老师道歉的，并向他做保证。”他说。听到他这样说，我露出欣慰的笑容，并用手拍了拍他的肩膀，接着说道：“这个项目是咱们学校的弱势，但是这次学校和朱老师的决心很大。我听说，还专门聘请了武汉东西湖职业学校的专家，她的学生都是省赛一等奖的获得者呢，这几天就过来指导，到时候我也会过来和你们一起学习的。咱们学校参加技能大赛逆风翻盘的案例很多，例如动画制作赛项原来是市赛三等奖，现在已经是国赛二等奖的水平；网络布线赛项，原来是市赛二等奖水平，去年在省赛中脱颖而出取得了一等奖第一名的好成绩。这两个赛项的事例告诉我们，只要勤奋训练，精研专业技能，不断反思改进，定能取得好成绩。老师知道备赛过程是艰难困苦、枯燥乏味的，但你不是孤军奋战，我和朱老师都是你坚强的后盾，我们都会永远支持你、帮助你的。老师相信你是可以的，加油。”“老师，请您监督我，我一定会刻苦训练，掌握专业技能，争取好成绩，不辜负您和朱老师的良苦用心。”杨熠坚定地说道。“好，我们看你的行动。”我笑着说。之后，我每周与他谈一次话，鼓励他，陪伴他，不断掌握专业技能，发扬吃苦耐劳的精神，坚持训练，冲刺高水平。

三个多月过去后，我正焦急地等待着比赛结果，学校的喜报信息就来了，他在宜昌市的比赛中获得了二等奖第一名的好成绩，同时还取得了9月份参加省赛的机会。

整个暑假期间，天气异常炎热，朱老师和他依然在奋力备赛。我经常会带点西瓜到学校来看看他，和他谈谈心，问下训练的情况，可以看出他的状态非常好，拼搏劲头强，发誓要成为工匠型人才。

转眼间比赛的日子就到了，这次他又不负众望，取得了省赛推荐选手二等奖第一名的好成绩。比赛回来后，他还遗憾地说："如果再努力下，我就能拿到一等奖啦，只差0.2分。"我安慰他道："明年还有机会，我们再一起努力，争取一等奖的好成绩。"

2020年元旦晚会上，由于他在技能大赛中的优异表现，被评为学校2020年度感动校园"最美学生"。评审委员会对他的颁奖词是：阳光朝气，释放青春正能量，是他；勇于奉献，甘当班级动车头，是他；技能大赛，实现单片机省赛二等奖零突破的，也是他！他就是2018级电气汽修高考班班长——杨熠！

刻骨铭心的记忆，催人奋进

冯立新

2022 年秋季学期，对于实习的每个学生来说，都是值得永久珍藏的记忆！

繁重的生产任务、严格的厂规厂纪、细致严格的疫情防控措施，考验着每个学生，他们在这里接受了人生第一场大考，计算机专业的小李就是其中的一位。

实习的第一天，早上八点刚过，人事部主管就打来电话，说生产线退回几名学生，要我去厂里协调处理。驻厂学生导师要做的角色很多，孩子们需要什么角色，老师就要充当什么角色，而且还要迅速进入角色，只有这样，学生才能信任老师，老师才能很好地完成工作任务。

在人事部办公室，彭主管很惊讶地告诉我："我原来只听说有晕线的，但从来没有碰到过，您的学生小李是我见到的第一个晕线的员工，按照厂里的规定，有这种状况的人是绝不能上线的，存在着巨大的安全隐患。"看到在角落里低头站着的小李，我心里一颤，我和主管问她有什么想法，她总是不开口，只是默默地掉眼泪，我只好把她带回宿舍区。

我从她妈妈那儿了解到，她父母常年在广东打工，她从小就随爷爷奶奶生活，衣食无忧，只娇惯，无沟通，造成了现在的孤僻、胆小、沉默寡言的个性。针对这个情况，我耐心地开导她，出来实习的目的就是为我们将来融入社会做准备的，泪水可以赢得同情，但得不到尊重，唯有克难奋进，才会成为人生赢家。我们要清楚地、全面地认识自己，不断地在实践中锻炼自己，培养吃苦耐劳的精神，提高工作能力，才能达到实习的目的，完成实习任务。

当天晚上，小李用微信给我发来消息："我不想刚来就回去，别人会说我是逃兵的，老师您帮我联系主管，这么多同学在这里，我想和同学们在一起，我站着晕但坐着就不会晕了。”一直没有跟我说话的她，用带着倔强意味的语言告诉我，她要向困难说“不”！她柔弱的外表下隐藏着一颗强大的内心！我暗自下定决心一定要帮她找到一个适合她的岗位，这是重塑她的一个重大契机，经过多轮协调，终于给她找到了一个坐着干活的岗位，之后几天我经常去线上看她，她说还是有点晕，但能承受。后来她主动跟我说她找到方法了，操作熟悉后尽量少看流水线，有时还主动和旁边的员工说说话，现在不晕了。她的领班还当着我的面表扬了她呢！

实习结束前夕，我带几个同学去经济开发区政务大厅办身份证，小李同学主动要求和我同乘一辆出租车，她跟我讲，实习虽苦虽累，但是她感觉是最充实最快乐的时光，她的进步和改变肉眼可见！通过实习还使她认识到了读书的重要性，并决心重回学校后一定会加倍努力学习的，还跟我讲她爸妈在广东开电子厂，经营状况不理想，她之所以强烈要求在厂里上班，也是想为父母减轻一点负担。听到这里我感觉眼眶一热，短短几个月的实习，确实让我们的孩子成长不少，他们也是有理想、有担当的一代人，我们应该感到欣慰！

繁重的生产任务，严厉的管理制度，寒冷的天气，疲惫不堪的身体反应，一直如影随形地陪伴着小李，她没有抱怨和退缩而是勇敢地迎了上去，把胜利的旗帜插上了心中的高地！

一百多天的实习因为短暂而弥足珍贵，因为经历而刻骨铭心，值得被小李和她的同学们一生收藏！师生的同甘共苦，导师的关爱疏导也激励着困境学生勇毅前行。

爱心坚守，软泥扶上墙

张　浩

随着离婚率的每年递增，随着意外事故的增多，单亲家庭的孩子比例也越来越高；我受导的学生里就有这么一位，他叫小林。

在我的眼中，他和其他孩子不太一样，有些孤僻、不合群，有些早熟、对人戒心很重，有些逆反心理、不爱说实话，有些情感淡漠、不容易被温暖，真是“烂泥扶不上墙”……

他是一个特别叛逆甚至自暴自弃的孩子。他的爸爸在他很小的时候就因病去世，妈妈一直在外打工，他一直由外公照顾，小学成绩一直很好，初一初二时还在班级前10名，一直是家里面的骄傲，但初三后他爱上了上网，旷课导致他的成绩直线下降，为了让他把学习跟上去，妈妈辞工回来全程陪他读书，虽然他戒掉上网毛病，但从此性格变得极度内向，不愿和人交流，特别是因考试没考好，只能到职业学校读书对他更是个打击，上课经常趴在桌子上，不是睡觉就是玩手机，我和科任老师经常提醒他，他根本不当回事，有几次他差点和科任老师发生冲突了，他就一个人坐那儿哭。也许是没有爸爸的缘故，我没有过多地批评他，我把这些告诉他的妈妈，他妈妈就把家里的实际情况跟我细说，希望我多关心照顾他，让他重新拾起学习，考个好的大学。虽然我接管这个孩子时间不是很长，但是我还是想用爱的方式把他转变过来。我从以下三个方面做引导，尝试导师工作：

第一，遵循与学生共情的原则。在学校里，我常常与他单独说一会儿话，并运用一些肢体语言，如：对孩子笑一笑，拍一拍他的肩，适当地鼓励他等，使他感受到老师对他的爱和关心。此外，找出孩子身上的长处，在恰当的场合给孩子一个积极的肯定，使孩子感到心理上的满足，以增强他的自信心。

第二，积极运用双向平行教育。在师生间、同学中架起关爱的桥梁，使他感到来自班集体的温暖，恢复健康的心理状态，并在同学中找了一位活泼的性情温和、善交谈的同伴和他结成对子，做好朋友，安排和他一个寝室，和他一起生活、学习，引导他体验集体生活的快乐和同伴的关心。

第三，注重发展个性的原则。发现孩子的兴趣点和特长，鼓励他在大家面前展示自己的特长，并经常请他帮助我和同学做一些力所能及的事，让他感觉到大家很需要他，同时在主题班会中和团委活动中经常提醒他主动发言交流。他的表现一次次让老师和同学们为他改观。在上个学期结束时，我让同学选出几名本学期进步最快的学生，得到票数最多的竟然就是他，我把这个喜讯告诉他，他自己都不相信，但看到班级同学对他的认同，他竟感动得流泪了。

春节过完，小林妈妈带着他到学校报到，一见到我就激动地紧握我的手，感谢我对小孩的关照，说小孩在寒假一个月当中的表现非常优秀，也成熟稳重多了，走亲戚时见人就打招呼，还主动帮家人做些力所能及的事情，他的进步表现让他的亲戚也刮目相看。这让妈妈心里更是感到无比的欣慰。

导师工作的成功使我得到了许多的启示。我们在平时的教学中一定要对学生有更多的关爱、呵护，不能训斥、指责，一棒子打死。在对学生进行全面素质培养的同时，教师要多学一点心理知识，才能胜任教育工作。对于单亲家庭的孩子，教师要利用导师工作的机会进行跟踪教育，并给予心理疏导，让孩子拥有美好的心情，助他们快乐成长。我相信，只要耐心足够，注重提升“爱”的艺术，一定会产生“软泥也能扶上墙”的神奇效果。

提灯，找寻内心的“男”神

魏　艳

培养中职学生的工匠精神，也要培养学生的职业认同感和职业幸福感，最大限度地激发学生的学习热情。这就要求中职学校的教师不仅要传授学生理论知识，增强学生专业技能，更要培养学生的职业精神。

小成是我受导的护理专业的一名男生。开学以来，他上课睡觉，从不完成安排的作业，对待学习任务总有借口搪塞；整个人散发出颓废迷茫的状态，他多次偷偷携带手机，在宿舍玩游戏到凌晨；甚至出现上课玩游戏、顶撞老师的现象。

不忍看到一朵花没有盛开就这样枯萎了，我知道必须对他做点什么了。我先了解了一下他的成长背景：父母对他管教非常严格，对考上重点高中期望很高。初中时成绩较好，但因中考失利进入中职读书，为此父母亲戚对他大失所望，导致他也丧失了信心。另外，由于父母常年在外打工，小成从小和奶奶生活，和奶奶关系特别亲密，很爱他朝夕相处的奶奶。我决定先从奶奶这个角度入手。

通过了解，我发现小成的动手能力很强。于是我鼓励小成报名参加老年照护的训练比赛，学习老年人照顾与护理知识。于是，他每天利用午休时间去实训室学习，如常见老年综合征、老年疾病、心理问题、安宁疗护等理论知识，以及常用老年护理技术、老年康复护理等临床实践能力。我安排小成和一个专业知识特别优秀的同学一起训练，小成在训练中竞争意识强烈，每次训练都像打了鸡血一样斗志昂扬。利用空余时间，我给小成讲了一些能工巧匠、大国工匠的故事，郑春辉——一位巧夺天工的木雕师；钟南山——受大家尊敬的呼吸病学专家；等等。潜移默化中，他由仰慕到确定榜样，走上立志成才路。

一次星期天返校前，小成哭着给我打电话："魏老师，我奶奶心脏病又犯了，我差点就没有奶奶了，幸亏我给奶奶做了心肺复苏！"小成终于切身体会到了护理专业技能训练的意义。学以致用，学而可用，这是让一个中职生对自己的专业产生成就感的最直接也最有效的方式！

我发现他计算机操作能力不一般，一次开展主题班团活动课，学习疫情之下白衣天使的奉献精神。我交给小成制作班团课PPT，并且让他主持这次活动，他介绍疫情之下的白衣天使，从名字、事迹、感悟，到与同学们互动，一气呵成。我静静地在台下看着他，发现他的眼神从完成任务式的感触，最后变得坚定！

任何知识的学习，如果能获得成就感和自我价值感，那对学生就是最大的激励。我决定趁热打铁，推荐他参加护理部举办的护理技能节活动：铺床比赛，并且委托他的专业课老师去指导他，安排学习委员一对一帮助，在练习铺床中，他速度越来越快，铺的床没有褶皱，获得了实训课老师的一致好评！

为了让小成找到自己长期坚持的动力和信念，我又鼓励小成参加宜昌市护理技能大赛铺无菌盘项目和"文明风采"舞蹈比赛。自从在护理技能的操作训练和比赛中有了荣誉感，又用护理知识帮助了身边的人开始，他开始热衷于训练护理技能：经常主动要求利用空闲时间去实训室训练铺无菌盘，在教室主动给同学们播放讲解视频并示范。还利用自身数学优势给同学讲题，理论与专业技能齐发展。班级设立的"护理榜样墙""技能我最强""劳动我最棒"等文化角，他都榜上有名。在最近的几次考试中，小成都取得了班级前十的好成绩，获得了父母和全班老师同学的肯定！

我不由得想到著名的护理学奠基者——南丁格尔，她在无数个夜晚，提着小小的油灯，给患者点亮了前行的光，被人亲切地称为"提灯女神"。能治愈自己的人，往往是自己愿意走出来的人。每一个中职生，都是一盏灯；作为一名教育者，我能做的就是：发现学生的灯，并且帮助他点燃，让他做自己的"提灯男神"。

心理疏导篇

师者，传道授业解惑也！作为导师，既要教会学生如何认识世界、如何认识社会，又要教给学生知识和本领，还需引导学生如何做事做人！这三个目标的实现都需要学生积极主动地接受、理解、消化并内化导师传递的信息，必须以学生健全的心理状态为根本保证。当今社会压力大、节奏快、竞争激烈，互联网带来信息超载，人际冲突泛化，多元价值观的影响等特点导致人们容易产生各种心理困惑。而中职生处于人生观和世界观形成的关键时期，心理发展尚未成熟，面对复杂多变的世界，更可能产生各种心理冲突和心理困惑。因此，加强对中职生心理健康教育显得尤其紧迫和必要！近 30 年来，我国学校心理健康教育发展迅速、形势喜人，党和政府高度重视学生心理健康教育，在 2012 年推出《中小学心理健康教育指导纲要》的基础上，还印发《全面加强和改进新时代学生心理健康工作专项行动计划(2023—2025 年)》，强调以德育心，以智慧心，以体强心，以美润心，以劳健心。该行动计划必将大力推动学校心理健康教育工作。

心理健康的实质就是个体的适应，就是个体心理调节机制的建立与完善。学校心理健康教育是现代学校教育的基石，是素质教育体系的重要组成部分，是实现学生全面发展目标的必要条件。职教生的心理问题大多是发展性的问题和教育性的问题，如学业发展，人际关系，职业规划，自我意识，情绪与情感困惑等，如果及早进行科学和专业的指导与辅导，就可避免演变为较严重的心理问题。

当阳市职教中心全面实施导师制，其中，导师对学生的心理关怀、心理关注、心理教育和心理塑造是对学生发展和成长的高度负责，此举必将为学生的成才成人保驾护航，值得同类学校借鉴和思考！

(张文渊，长江大学心理系教授)

一个出人意料的微心愿

杨远红

2022年12月2日下午，我如约来到小薇家里进行访谈。

其实，我并不上小薇的课，对小薇的情况一无所知；但我是她的新任导师，最初我是通过微信向她班主任了解的情况，班主任当时发来一段文字：单亲家庭，留守学生，爸爸外出务工，从小跟着爷爷奶奶长大，由爷爷奶奶监管；厌学，组织纪律性较差，经常借口病假不上学……我瞬间明白，这是一名不一般的困境生。

家访前三天，我到班上找到小薇，和她聊起来，并告诉她我要去家访。

我说："这次不仅仅是要家访，我还要帮你完成一个微心愿，你有什么微心愿就直接说出来。"

"真的？我的微心愿就是参加技能高考，考大学。"小薇惊讶地说，"可是，我进不了高考班"。

一个厌学的学生还想考大学？我怔住了。看到她满脸的真诚，我笑着说："这个不算微心愿了，现在新职教法实施了，人人都有参加高考的权利，只要你努力，考大学的希望是很大的。"

小薇迟疑了一下说："那我先想想，明天告诉您。"

我答应了她。那天，我在想，她说从小爸爸妈妈离异，跟着爷爷奶奶长大，从没见过妈妈，也不知道妈妈的音信，更不能体会什么是母爱，她会不会要我帮她完成这个心愿呢？她跟爷爷奶奶居住在乡村，会不会要什么好吃的？要什么好看的衣服？她是一个缺乏自我约束力的孩子，会不会刁难老师？心愿就是上课玩手机，不做作业，放长假休息？

家访前一天，我找到她，问她的微心愿是什么，好让老师有准备。小薇笑着告诉我："我就要一本书，一本帮我如何处理同学关系的心理学方面的书。"我又怔住了，不敢相信这是一个厌学孩子的微心愿，但我又确信这是出自一个单亲家庭、留守家庭的孩子真实心愿，她渴望融入班集体，渴望被理解，渴望被尊重。

当天家访是在小薇爷爷奶奶家里进行的，正巧她爸爸到爷爷奶奶家看她，我和他们聊起小薇在校以及在家情况，希望我们家校协同帮扶小薇。小薇爸爸另组家庭，并育有一女，对小薇的抚养与教育有限。小薇爷爷奶奶出门少，对职业教育、对我们学校知之甚少，甚至还把学校"迁建"误解为要"撤销"。每年的家访，都会遇到这样的情况，职业教育宣传还存在盲区。

小薇是个聪明的女孩子，但特殊的家庭经历终究还是影响了她的成长。望着小薇，我心情十分沉重，不知有多少父母的草率过错，让多少无辜的孩子受伤买单。从教 30 多年，尽管也知道每个孩子都是独一无二的，但在工作中更多的还是惯性思维在主导，这也真值得我们去反思。

接着我给她讲了一个身边通过技能大赛、技能高考改变命运的案例。2017 级护理专业学生小曾，中考的失利让她心情郁闷、失落，到当阳市职教中心后，她一度上课无精打采，吃饭味同嚼蜡，睡觉辗转反侧。不久后，学校举行一次演讲大赛，她尝试报了名，她朗诵发音不好，就跟着老师一个一个音节去练；表情不好，不会微笑，她就咬着筷子对着镜子练习；腰板儿不直，站姿不稳，她就头上顶着书，靠墙根儿一站就是好几个小时。功夫不负有心人，在宜昌市"我与中国梦"大中专院校学生演讲比赛中，她荣获一等奖。二年级时，学校挑选技能大赛选手，一听到消息，她便冲到老师面前表明了自己的想法："我一定要参加技能大赛!"有志者事竟成，经过刻苦训练，在湖北省职业院校技能大赛(中职组)护理技能比赛中，她荣获一等奖。在 2020 年技能高考中，她又如愿考入梦寐以求的湖北医药学院。我告诉她，这样的例子在学校还有很多，每年有一大批同学参加技能高考，实现大学梦。

我鼓励小薇放下顾虑，要做到：第一，保持微笑，保持一颗愉悦平和的心态，做一个阳光的人；第二，主动交往，真诚地赞美别人，别人也会赞美你；第三，遇到人际关系问题，换位思考，相互理解，相互尊重；第四，积极参加班级活动，融入班级团队。

临走时，我把一本《心理健康百问》赠送给小薇。为这本书我专门咨询了学校心理学教师杨金明，她说，这是一本通俗易懂、操作性很强的书，非常适合小薇。

我希望这本书像一盏指路明灯、一束阳光，照亮小薇前行的路，助她走出心理困境，在人生的道路上勇敢前行。

心似白云常自在，意如流水任东西

——学生成长案例分析

朱大华

一、个案资料

程三，16岁，是个非常自由散漫的男孩子。他从不按规矩行事，无视老师的教育指导和校规校纪，上课不是迟到就是不到堂，既是到堂也是睡觉或玩手机，下课不是与同学追逐打闹就是串班与不良学生三五成群吸烟、闹事，弄得老师、同学都头疼。越不让做的事他越做，逆反心理非常重。

程三虽然厌学，但道德品质不坏，对老师讲的各方面道理都能接受，只是自我约束能力较差；体育成绩很好，跑步快，在校运动会上百米赛跑还得了第二名；一手字写得还可以。

程三家庭情况比较复杂，妈妈带着他与继父重新组织的家庭，继父带有一个哥哥，父母除照顾他们俩外，还做着零工。据他妈妈说，自己没上过几年学，辅导不了孩子。而孩子呢，也不听她的，说他一句他有十句等着，从小基本是打过来的。自己干生气没办法，后来就干脆不管他的学习了，学成什么样是什么样。家长多次被请到学校协助解决问题，次数多了家长就一句话“程三再不听话就请老师多打他！”看来家长对他们这个儿子实在是没有办法了。

二、案例分析

(1)这是一个非常自由散漫的男孩，拥有充沛的精力，不按规矩行事，厌学、逆反心理非常重。

(2)他上课时不专心听讲、睡觉或玩手机，上课不是迟到就是不到堂，一方面说明他注意力不能集中，另一方面也说明可能是听不懂老师讲课或是老师讲的内容对他没有吸引力。

(3)他钢笔字写得好，作业虽然做得不全但能上交，这些都说明他有能力学习，想学好，但不知如何去做，自我约束能力差。

(4)他只是在遵守纪律、学习方面表现得差一些，在劳动、体育、卫生等方面表现都还不错。

(5)家长不会教育孩子，教育方法不恰当。他们由于自身工作原因，与孩子沟通太少，只知道打骂，却没想到要去了解孩子的内心世界。

三、教育方法

(1)事例引导。我常把报纸上刊登的、电视上播出的及身边发生的与学生有关的安全事故讲给他听，用活生生的事例引导他认识到不加强自我修为提高和道德品质磨炼的危害，告诉他老师约束他各方面的行为是为他的将来着想，使他感受到老师对他的关心。

(2)逐步建立“我能行”的意识。根据他的情况，我有意识地安排一些他感兴趣的事让他做，鼓励他积极参加公益活动，与科任教师联系，希望课堂上时时关注他，有意把简单的问题留给他，让他回答。发现他能专心听讲，动手训练就表扬他，鼓励他，树立他的自信心，让他感觉到“我能行!”逐步建立“我能行”的意识。

(3)配备小“导师”。为了提高他的自我约束能力，我帮他安排了一个小“导师”，让一个各方面都很出色的同学和他同桌。晨读课上教他读课文，课余时间谈人生、谈理想，与他一起参加公益活动，督促他上课时专心听讲，认真完成作业，积极参加技能训练。逐步规范自己的言行。

(4)正面引导，逐步建立“你真棒”的意识。抓住他在劳动、体育、写字方面的出色表现，告诉他“你真棒!”号召全班同学向他学习，让他看到自己的优点。相信自己只要努力，摒弃陋习，也会成为一个受别人尊重、欣赏的人。

(5)加强家校联系。人们常说：“有什么样的家庭环境，就会陶冶出什么样的孩子。”的确，家庭环境对孩子的教育成长影响重大。为了孩子的进步，我经常利用打电话、写纸条、请家长到校等方式与家长交流，取得他们的配合。让他们在家里督促孩子摒弃陋习，多鼓励孩子。遇到问题时不打骂孩子，及时和老师沟通，共同想出解决问题的办法。

四、教育效果

现在，程三进步了。他能按时上课了，下课时不再和同学追逐打闹了，也不再“串”班、与不良表现同学聚在一起闲聊了。上课的时候，他比以前强多了，睡觉少了，基本不再玩手机了。虽然有时还管不住自己，但只要老师看他一眼或敲敲桌子，他就能赶快改正。实训课上动手的时间比原来多了。

他的父母也积极地配合老师做好程三的转变工作，对他不再打骂，而是陪他一起谈将来、谈工作、谈人生。他的妈妈说：“觉得孩子跟自己亲近了。”

五、教育启示

(1)奉献爱心，增其自信。我国近代教育家夏丏尊说过：“教育之没有情感，没有爱，如同池塘没有水一样。没有水，就不成其为池塘，没有爱，就没有教育。”我时常想，对那些学习不好、行为习惯差的学生，作为一名导师，一定要付出更多的诚心、爱心、关心和耐心，用爱的甘露滋润孩子们的心田，用爱心点燃一颗颗纯洁的灵魂。和学生“以心换心”，才能成为学生可敬畏的严师、可信赖的长辈、可倾心交流的益友。对于学困生，教师应给他们更多的爱，经常鼓励、帮助、督促他们，使他们增强自信心。对于程三这样的后进生，我放下架子亲近他，和他聊天，敞开心扉，以关爱之心触动他的心弦。“动之以情，晓之以理”，用爱温暖他，用情感化他，用理说服他，从而促使他主动地认识并改正错误。

(2)因材施教，循循善诱。“一把钥匙开一把锁。”每一个后进生的实际情况是不同的，作为导师一定要深入了解，弄清学生的行为、习惯、爱好及其后进的原因，从而确定行之有效的对策，因材施教，正确引导。我在程三的思想观念的改变上，千方百计创造机会让他成功表现。平时给予足够的关注，注意他哪怕是微小的进步，及时给予恰到好处的表扬，使他看到自身的长处，唤起他的自信心和进取心，使之改正缺点，然后引导并激励他努力学习，从而成为合格的中职学生。

“一分耕耘，一分收获。”我相信，经过导师与学生的不断努力，将会取得更大的收获。虽然这过程是艰辛的，但结果却是令人欣喜的。只要每一位导师能够以爱心、细心去面对工作，面对学生，就没有过不去的关，没有解决不了的问题。我愿意为品尝累累硕果而付出辛勤的劳动，让更多的孩子走上学习的正确轨道，体验成功的喜悦。

寻找归因，顺势而为

李　锐

苏联教育家苏霍姆林斯基说："教育技巧的全部奥秘在于如何爱护学生。"教师的信任会使学生产生一种幸福感和自豪感，就会对教师产生一种亲近感，从而缩短师生间的距离，有利于德育工作的开展。

我担任2020级机加工班学生导师工作，其中我受导的一名学生，邓某，在班里是个"大明星"，授课老师不到一个星期就认识了他，他的成名不是因为品学兼优，而是不遵守课堂纪律，上课经常讲话，起哄，做小动作，影响老师上课；午休要么在教室里大声讲话，影响同学们休息，要么找他的好哥们"吞云吐雾"；同班内同学之间不能和睦相处；对老师的批评教育，他是"闭耳塞听"，属于屡教不改的那类学生。

作为他的导师，我认识到了问题的严重性，于是我积极行动起来寻找原因。

首先，通过家访和电话访谈，了解到他母亲在广东打工，爸爸经常在外跑长途汽车，他和奶奶生活在一起，由于缺少监管，慢慢和一些"闲散人员"在外玩耍，养成一些不良习惯。父亲看他不仅学习不上进，还经常惹是生非，对他非打即骂。时间一长，他和父亲的感情日趋紧张，所以我觉得导致他行为偏差的一个重要原因是家庭教育存在严重问题。

接着，我又接连多次找他谈话。通过与他反复交谈，我认为他行为偏差的另一个重要原因是他的心理尚不够成熟，尽管表面看上去很成熟，但是实际上可以说要比同年龄段的一般的孩子还要单纯，幼稚，脑子里的有些想法非常简单，容易被人怂恿，所以会导致屡教屡犯的情况出现。

找到了他"出名"的原因之后，我就思考，怎么办？于是我采用如下措施：

1. 家校沟通，形成合力

亲情的力量是最大的，也是无穷的。我经常与他的父母联系，希望他的父亲改变教育方式，走进孩子的内心深处，多关心自己的孩子，建议他们看一些关于教育子女的书籍和视频，不要再加深孩子的逆反心理。同时希望他们能多抽出时间回家看看，照顾孩子的饮食起居，了解他的想法，管制他的一些不良做法，及时与老师联系。经过与家长的多次交流和沟通，家长行动了，他妈妈还专门留在家里照顾他，等孩子上完高中再外出务工。

2. 真诚关心，赢得信任

为了获得他的信任，我经常心平气和地以朋友的身份与其交谈，开始几次他的态度极为冷淡，对我爱理不理。次数多了，他的态度开始缓和下来，后来通过谈话了解到他打字速度很快，我就安排他负责学校合从楼显示屏字幕，在工作中他一有好的表现我就及时鼓励，有做的不到位的地方，我也会耐心地指导。慢慢和我拉近了距离。开始愿意和我说心里话，我也会无意间和他说道，父母最近可是经常和我联系，关心你在学校的学习生活哦，你父亲还经常自责自己和我说，他以前教育方式不合适，以后会慢慢改变，希望你能原谅他。他说道，其实自己做的也不好，不能全怪他。我渐渐感觉到他们之间的关系有所改善。

3. 抓住契机，及时引导

一次我在办公室里看书，他笑眯眯地跑到我的跟前说，老师我想参加学校的篮球队训练，你看能不能帮我一下。我笑着说："老师知道你会打篮球，但进篮球队恐怕……"他焦急地说道：老师我最近每天课外活动都在打球，我还和冯老师经常打球，不信你可以问冯老师，我真的很想进篮球队。看着他坚定的眼神，我答应他帮忙问一下篮球队还需不需要人。他高兴地说道：老师你一定要问哦！拜托了！还给我做了个双手合十的动作。我心想这小子是不是被冯老师酷炫的球技所吸引，点燃了他的篮球梦！

恰逢篮球队新老交替，刚好缺少队员，他如愿以偿地进入了篮球队，他训练得很刻苦认真，我让篮球队里以前我教过的高年级学生多指导他，让他能够快速融入队伍，感受到温暖，找到归属感。一次我找他一起去把显示屏看一下，他主动和我聊了很多，说自己进了篮球队发现和学长们相比还有很大的提升空间，希望不断地学习提高自己的球技，不会让我失望，我感觉很欣慰。为了鼓励他，我告诉他刘教练说他很有潜力，坚持训练可以作为大赛选手了，冯老师也说他最近的球技突飞猛进啊！他听了之后很是惊讶，他们真的这样说的？那还有假？我说道，你也要把运动场上的拼劲和干劲用在学习上，你一样可以做得很出色。他激动地点了点头说会尽力的。

2023 年五一我看见他发的一个朋友圈“未来可期，路在脚下”并配上他和父母一起合影的照片，怀里还抱着个崭新的篮球，照片中他们一家笑容可掬，幸福洋溢。我立即给他留言“以梦为马，不负韶华！”

经过一学期的努力，现在的他已能遵守课堂纪律，虽然有时候会有点反复，但是经老师提醒，他能够迅速调整自己；课后作业基本能独立完成，学习成绩也有所提高；人际交往上也远离了以前的那些“哥们儿”，有了自己的篮球伙伴，也渐渐地融入班集体中。

教育是心与心的漫步，并非简单地制止与绑架，教育的入口是寻找契机，99%的问题，当你知道“是什么，为什么和怎么办”便迎刃而解了。我相信，不久的将来，一个勇于进取的他将会展现在师生面前。

以情动人深入心，引导学生向阳生

代巧玲

植物要向上生长，需要阳光、空气、水；学生要健康成长，需要梦想、目标和爱。作为与学生朝夕相处的老师，导师工作让我与学生之间除了学习上的交流，还有了情感上更深的交集。在此我分享一下在学生成长导师制工作中的点滴做法。

一、做好情感顾问，连接爱心纽带

“理解万岁！”人与人之间的相互理解，往往是形成共识的基础。而导师对学生的理解，就更具有不同寻常的意义。作为导师要理解学生的思想、心理和生活实际。在与学生交流沟通时，必须遵循“一切从实际出发”的基本原则。

首先，要尊重学生——就是充分尊重学生的意见和要求，尊重学生的人格，平等对待每一位学生。其次，要有爱心。老师爱学生是必要的，也是必需的。著名的教育家陶行知说：“没有爱就没有教育。”对于教师来说，拥有一颗爱心是很重要的，爱心是教育的前提和基础，少了爱就无法实施教育。在平常的工作中，我要求自己以一颗仁爱之心平等地对待每一位学生，站在他们的角度去体会他们的内心感受，多关心他们的生活和成长，走进他们的情感世界。我认为爱心的表现形式往往是通过具体的小事反映出来的。

我班有一位同学小丽，瘦瘦小小的，沉默寡言，经常生病请假，在班上默默无闻。经过了解，她父亲常年在外，母亲独自在当阳工厂上班顺带照顾她，小丽经常独自一人在家。她在校的时候，我便常常关心她的身体状况，给她讲一些身体保健的小知识。我还跟她妈妈打电话交流，提醒她细心照顾小丽。这些让小丽非常感动，无形中拉近了我们之间的距离；现在，我们可以说是无话不谈了，她隔三差五就跑来和我分享她生活中的小点滴。她对我说："老师，虽然我成绩不太好，但我喜欢您，在您面前，我可以说出我的心里话。"听到这句话，我真的很欣慰。

小月，父母离异，从小随父亲生活，父亲迫于生计忙着工作，疏于对她的管教，致使她在生活习惯、待人接物等方面都有欠缺。了解到这些情况后，我便经常关心她，找她谈心，给她讲一些女生注意事项，提醒她言语行动要得体，并经常提醒她，督促她养成好习惯。经过一段时间后，我感觉她在这些方面进步了很多。我在她们身上看到了改变、成长、进步，很开心地感受到导师工作的成效。

二、当好优秀的"心理医生"，关注学生内在需求

导师应该成为学生的心理护理者、人际关系的协调者。现代教育的发展要求教师"不仅仅是人类文化的传递者，也应当是学生心理的塑造者，是学生心理健康的维护者"。作为中职学生的成长导师，能否以科学而有效的方法把握学生的心理，因势利导地促进各种类型学生的健康成长，将对教育工作成败有重要作用。如何培养学生健康的心理和健全的人格呢？

我认为每个学生的素质、才能、知识、个性和兴趣等都是有差异的。由于受不同的家庭、社会影响，对某一具体问题、具体事物也有着不同的看法，这就要求导师深入学生中间，与学生交朋友，熟悉每一个学生的情况。及时了解学生中间存在的问题，区别不同的对象，选择不同的形式，因人因时因地而异做好思想工作，做到"一把钥匙开一把锁"。导师工作一定要从实际出发，具体问题具体分析，把握学生思想脉搏，对症下药，把"心理医生"的工作做好、做活、做细，达到因材施教的目的和效果。

在具体的导师工作中，除了关心学生的生活，我更注意关心学生的思想情

况，在精神上给他们鼓励和支持。那些学习退步的，考试发挥不好的，有困难的，缺少家庭关爱的，我常常用言语开导、鼓励、教育他们，不断与他们谈心，这样既消除了他们的精神压力，还取得了他们的信任，使我能够及时地把握学生的思想动态，找准谈话时机，做好学生的思想工作。我班班长晓东，各方面表现都很不错，堪为全班同学的表率，但他家境不太好，在他交给我的思想汇报和我们平常的谈心中，他时常流露出担心家里不能负担他继续读书的忧虑。我一边劝解他现在首要的任务是认真学习，其他的事情先放一放，一边和他的家长联系，请家长做他的思想工作，终于使他放下心来认真学习。看到他现在一门心思地努力学习，我不禁松了口气。

三、营造良好的学习氛围，激励学生发奋学习

学生的天职是学习，当然导师如何抓好学生们的学习才是最重要，也是最难的。因此，我对学生提出了“真听、多做、好问、求精”的要求，以此激发学生学习热情，鼓励他们既能够勤奋好学又乐于互相讨论精益求精，从而养成乐学好问的学习习惯。对于个别差生还针对性提出“改变自己什么时候都不晚”的口号，以此激发他们学习的自信心，扬长避短，发挥自己优势。对小璨、小婷等偏科的同学，我常常鼓励、督促他们在薄弱学科上多下功夫，认真听讲，认真完成作业，课后多抽时间复习，有什么问题、困难要及时找相应的老师解决，争取早日把该科成绩赶上来，使之不成为升学之路的绊脚石。

在导师工作中，我还自觉做好家访工作加强家校联系，走进学生寝室指导整理内务，完成导师应尽的职责和义务；使学生切身感受到导师的“四导”力量，增进导师、学生、家长、学校四方的理解和合作，为学生创建一个良好的学习氛围和成长环境。

我知道教师的职责是以情动人深入心，引导学生向阳而生。在工作中我会时时鞭策自己，爱生如子，循循善诱，在今后的导师工作中争取做到更好！

用心"对话"，关爱心灵

周晓珊

一、学生基本情况

小张，男，16岁，2020级护理2班学生。该生性格内向，脾气倔强，只能听好话，不能听坏话。开学还没几天，他把手机带到学校被我发现了，我当着全班的面批评了他，而他不但不虚心接受，反倒当场和我顶嘴。还有一次，他在后面背书时和其他同学讲话，被任课老师发现了，批评了他，他也当场和任课老师顶嘴，任课老师私下也把这个情况反映给我。他妈妈也向我反映孩子没有感恩的心，没有正能量，尽是负能量。

二、学生问题分析

该生的这种"梗""轴"性格，肯定与家庭教育是分不开的。要想解决这些问题，首先就要先了解他的基本情况。

开学之初，我在建受导学生信息档案时，也只是初步了解他是个单亲家庭，而关于他的家庭环境和成长经历我却并不了解。直到有一次，我和他因为收手机的事发生了冲突，才对这个孩子有了更深入的了解。

那次在教室发生冲突之后，我把他喊到办公室教育，还没有说两句，他就情绪激动地哭喊着说：“我恨我后妈。”我心想：我收手机与你后妈有什么关系？也许是压抑许久的心结因为这次老师的教育，而触发了他那内心深处的伤痛，我马上改变刚才生气的态度，心平气和地对他说：“你先坐下，好好和老师谈谈，今天我们先不谈手机的事了。”

一坐下来，他就向我说了一些他的童年遭遇。因为小时候看见了妈妈出轨的场面，爸妈离婚之后，又各自组合了新家，他跟随爸爸生活，而爸爸和后妈对他其实并不好，等等，都给他造成了一定的心灵创伤，导致他性情孤僻，内心也很敏感脆弱。不仅对妈妈一直都很冷漠，对后妈也一直怀恨在心。

就因为这些经历，导致他现在觉得父母是欠他的。只要他犯错误或受委屈，都会把以前父母对他造成的伤害抖出来，以此来博得别人的同情，好推脱自己的错误。

三、辅导方法

针对他目前的情况，我采用了如下教育方法：

(1)以爱心引路，打开心结。罗曼·罗兰说，爱是生命的火焰，没有它，一切变成黑夜。用爱心来抚慰他童年所受到的创伤。老师对单亲家庭的孩子更应该多一点耐心，少一点急躁；多一点宽容，少一点指责。老师的爱是一种责任，是一种境界，不能让学生放任自流，一味迁就，而是爱中有严，严而有度。

因为母亲外遇导致父母离婚，使他从小就没有感受过母爱。所以那次了解到这个孩子的遭遇后，我就马上改变态度，改变角色，以一个母亲的角色开导他，我们谈了很多，“妈妈做错了，我想她已经很内疚了，你要多想妈妈的好……”临走时，我还不忘对他说了一句：“手机的事老师今天就不批评你了，下次不带到学校就可以了，回去后再把老师的话好好想想吧！老师相信你会想明白的。”

(2)和家长沟通，帮助孩子走出阴影。那天和他谈话以后，晚上我就把今天的事打电话和他妈妈聊了一下，妈妈也承认自己做得不对，让孩子受到了伤害，也希望老师帮一下孩子。我和他妈妈说：“我和家长一起努力才能帮助这个孩子走出童年的阴影，父母如果无法走进孩子的内心世界，就会造成孩子很多心理方面的问题。这个孩子目前最大的问题就是小时候的遭遇始终记在心里。目前最好的办法就是让他学会释怀，学会放下甚至忘掉那些不开心的事。”

谈话结束时，我给他妈妈提了一些建议，比如说放假多带孩子出去走走，陪孩子看世界的同时走进孩子的内心世界。自从那次和他谈话以后，他妈妈说我对孩子的开导很有效果，发现他还是有变化的，妈妈和他说话，不再像以前那样爱答不理的，而是情绪比较高昂，面带笑容，并且他和妈妈说话的语气也比以前平和多了。

(3)引导学生管理自我情绪。首先要让他扬起自信的风帆。马卡连柯说："培养人，就是培养他对前途的希望。"大多数单亲家庭的孩子没有摆正自己和集体的关系，总是想到自己不如别人。因为自己不像其他同学那样拥有美满的家庭。常常表现出对什么事都提不起兴趣，或不相信自己。平时我总是尽量找出他身上的"闪光点"，只要有一点好的表现，我就表扬他，帮他找回自信。

通过交谈我发现他特别喜欢学数学，但又不善于与同学交流，我就让他做数学课代表，经常表扬他工作完成得很出色。从此他像换了个人似的，拥有了自信，成绩逐步上升，与同学之间交流的也多起来了，在集体中健康成长。

通过这学期的耐心引导，我发现小张进步很大，尤其是数学成绩，有两次考试打了满分。对老师的批评教育也不再有抵触情绪，而是虚心接受。还能微笑着主动跟老师打招呼，与同学们的相处也很融洽。总是积极地为班级做事，比如倒垃圾，擦黑板。看到该生学会了感恩，变得懂礼貌，逐渐走向成熟，自己心里也感到非常欣慰。

四、案例反思

这几年的导师工作让我在教育单亲家庭的孩子方面深深体会到：要为每一个学生的健康成长引领出发，用爱心、细心、耐心做好日常疏导、指导、教学工作，全面施策：

(1)推行社区教育活动，把单亲家庭学生(包括其他学生)在社会上的情况也掌握起来，只有把社会教育与学校、家庭的教育结合起来，形成学校、家庭、社会协调配合的教育网络，才能使学校和家庭教育的成效落到实处。

(2)加强心理健康教育，落实心理健康教育课程，定期举办专题讲座。开设心理健康教育课程，不仅可以使学生了解自身心理发展、变化的规律与特点，而且对于帮助他们缩短心理适应期、加快人格的成熟、掌握心理保健知识都具有积极的作用。

对单亲学生的教育工作并不是单靠学校一个部门的努力就能完全解决的事，它的顺利开展需要社会、家庭、学校、政府等互相合作，互相支持，互相理解才能收到最大的效果。在社会大家庭的全力协作下才能使他们走出阴影，找回自信，养成阳光、自信、进取的人格。

用心去教育就会得到新收获

徐向东

中职的学生正处在人生成长的关键时期。面对越来越精彩和复杂的社会，容易出现这样或那样的问题，是一个多事之秋。作为一名导师，我深感责任重大。平时我经常与学生进行闲谈，及时了解他们的学习，生活及思想情况，适时给予帮助。做他们学习生活上的指导者，思想上的引导者。下面从一个案例说起。

小孙，我班上的班长。她头脑灵活，活泼大胆，有一定的组织能力。但她自制力差，纪律观念淡薄，甚至跟社会青年谈恋爱。在家跟母亲关系紧张，不服母亲管教。

开始我总是经常提醒她作为班长应该如何如何，但收效甚微。有一次她下晚自习后翻墙外出被我发现，我对她进行了严厉的批评教育，并与她约法三章。我以为这样她会消停一段时间。可没几天我发现她墙是不翻了，而是在课外活动及上午第四节体育课时不请假直接从门房出去了。针对这种情况，我主要采取了以下方法。

1. 多谈心，进行情感的交流

由于软硬兼施效果不佳，我决定对她不假外出假装不知道，而是寻找合适的机会与她自然地进行心灵沟通。由于她对网络感兴趣，平时我就通过网络的一些问题与她沟通，她的兴趣一下子就来了，跟我谈得很起劲。一次次的交谈拉近了我们之间的距离。后来她还主动跟我讲一些她与母亲关系的问题。原来她母亲在她 2 岁的时候离开，直到她 14 岁才回到她身边。因此她们母女关系生疏，感情淡薄。从小缺乏父母的关爱和家庭的正确引导是她早恋的主要原因之一，这为我以后对她进行教育打下了一定的基础。后来我经常找她谈心，用一些事例让她明白早恋的害处，鼓励她自尊自强，树立远大的目标。有次她竟笑着对我说，“老师，我现在知道了，优秀的帅哥在大学里等着我。”后天我注意到她渐渐变得遵规守纪了，也再没发现她偷出校门了。

2. 多表扬，激发学习兴趣和工作热情

这学期开学不久，我发现她早自习能积极大声读书，上课听讲也很认真，于是立即给予肯定和表扬，并要全班同学向她学习。经过一段时间，我明显感到她不仅学习劲头更足了，工作也更主动了。对于班上的一些事情我经常听到她说的一句话就是：“老师，我已经安排好了。”

3. 多与家长联系，共同探讨教育方法

通过与她母亲的联系，我发现家长在教育方法上也存在一定的问题。母女之间缺乏有效的沟通，母亲动辄发脾气甚至动手。针对这种情况，我经常与其母亲联系，共同探讨如何消除母女之间的隔阂以及如何与青春期的孩子交流等问题。现在她们母女的关系有了很大的改变。

当然，一个人的改变不是一朝一夕就能完成的，以后在学习、思想和行为习惯上我还要加强对她的教育和督促，使她有更大的进步。通过对她的教育，我得到了以下启示：

孩子的不良行为造成原因是不同的，有家庭的，社会的，也有学校的。只有找到病根，对症下药，教育工作才有效果。

要尊重学生，家校协同育人。学生的自尊心极强又极脆弱。家长及老师都应该改进教育方法，避免急于求成，简单粗暴，学校教育和家庭教育要相协调。

认真倾听学生的心声，承认学生的个体差异。尊重学生的身心发展过程和认知规律。要注意疏导和引导，要以平等的态度对待学生，以关爱之心打动学生，以宽容之心包容学生，循循善诱，循序渐进。

捕捉契机，使用良法，促生成长

李　斌

一、基本情况

小邓，一个很活泼的男生，性格开朗，与同学关系较好，下课时跟同学们互动较多，上课经常主动举手发言，而且声音响亮。但是从其父去世开始，表现异常，情绪起伏较大，注意力不集中。

二、案例分析

1. 个人因素

自从其父去世后，他总是一个人独来独往。而且开始有吸烟等不良嗜好出现，也许是过重的心理负担造成的，即使在成功面前也很难体验到成功的喜悦，这样严重影响了他的身心健康发展。

2. 家庭因素

他是父母的唯一的孩子，父母离异，母亲改嫁，随父生活，但其父于 2013

年11月因病去世。

3. 教师因素

在学校里，如果教师对一些同学尤其是心理比较敏感的学生不够了解，关注不多，就容易造成对这些同学的判断失误，不能及时把握他的心理变化。一旦如此，几个月以后，这些同学会逐渐产生失落感，在老师那儿得不到适时的表扬和赞美，又会受到同学们的嘲笑和家长的不满，长此以往更加否定了自己的一些行为和想法，慢慢不相信自己的能力与水平，也越来越不自信，此时自卑感就慢慢占了上风，在学校里体会不到成功的喜悦，总是遭受打击，于是出于自我保护意识，他选择避免接受打击。

三、辅导策略

因其父因病去世而产生焦虑、思念情绪，学生情绪烦躁，于是每天借烟消愁，那么应该怎么解除他的这种焦愁心理呢？我使用了以下方法：

1. 激励教育，唤起生活信心

教育学理论告诉我们，每个学生都是有进步要求的，都希望别人认为自己是一个好学生。我也认为只要孩子智力正常，没有教不好的学生。为了减轻他的焦虑，我在课余时间经常有意无意找他闲谈，告诉他一个男子汉要能顶天立地，遇到困难和挫折要坚强。有时让他帮我早晨喊同学起床、给办公室搬桶水等，公共场所从不公开点名批评他，发现他有所进步，及时表扬，经常用眼神来鼓励他，还经常对同学说："看，小邓今天表现非常好。"生活上有困难及时帮助他，弥补其父爱，让他从失去父亲的阴影中及时走出来。

2. 家校沟通，促进学生安全感

在其家庭发生变故后，我经常与其母亲、舅舅等联系，详细地分析了小邓同学在校的表现和情绪变化大的原因，共同商量解决孩子不良心理状况的办法。建议家长选择适当的教育方式，对于孩子学习、生活上的任何一种进步一定要及时鼓励，并给孩子提供各种展现自己的机会；与孩子要适时地拉近距离；不要让他没有安全感。

3. 师生互尊，打开学生心结

正所谓“亲其师，信其道”，师生之间互尊互敬，关系融洽，情感相通，乐于交流，易于沟通，各种教育如涓涓细流流进学生心田。学生对老师尊重、爱戴、感激、信任，会倾心于老师，乐于接近老师，向老师打开心灵的窗户，愉快地接受老师的教育。通过一段时间的沟通和交流，小邓能把他心里话全部向我倾诉，包括家庭的一些细节，我也适时地教会他一些处理突发事情的方法，鼓励他自立自强，师徒二人关系融洽，平时无话不谈，全班其他同学甚至心生嫉妒。

四、辅导效果

通过师生、家长的共同努力，小邓有了很大的变化，他的学习成绩在不断提高，上课能专心听讲，下课能主动与同学交往，愿意参加各种活动，与班级、同学融为一体，和老师的关系处理得当，能积极参与班级管理，成为模具班的团支书，工作能力强，有很强的组织能力，被评为优秀干部。

五、结论

其实学生幼小的心灵很脆弱，由于家庭的变故等原因，往往会产生自卑、焦虑等不良情绪，但又苦于自己不能走出阴影。此时需要外界介入干扰，帮助他从困扰中走出。导师要善于捕捉契机，适时通过各种有效的方法，协助学生及时修正不良行为，可以起到事半功倍的效果，有时奇迹会发生。面对小邓的改变，让我更加认识到班主任和导师对学生的激励、关怀、尊重等，在学生成长过程中的作用是巨大的。因此，针对类似这样的学生，教师要循循善诱，不可操之过急，要先找到问题的症结，针对原因想办法解决，不要把注意力集中在孩子的不良表现上，要更多地关注孩子的优点和进步，放大优点，理解学生。引导学生一步步地放开自己的心结，将自己融入集体，并在多元化的评价和各项有益的集体活动中，去感受、去体验生活的乐趣。

花开有季，源于心理引导

肖　萍

白日不到处，青春恰自来。苔花如米小，也学牡丹开。花开有季，每种花都有它开放的季节，有它独特的芳华。咱们职高的孩子，就是一片片青苔，需要我们老师精心呵护，才会绽放出一朵朵小小苔花。

一、案例背景

课间，我在办公室备课，一个沙糖橘被轻轻地放在我面前。抬头一看，是我从高二中途带到现在高三的曾同学。半年前我刚接班时，他叛逆到看我的眼神都是挑衅的，现在则是天天围着我转了。今天午休时他身上有淡淡的烟味，我就在他耳边低声提醒了从来不抽烟的他，让他下不为例。他嗫嚅着跟我说，最近压力太大了。以前他高二时沉迷手机，手机被我没收四次，多次迟到，上课睡觉、发呆、讲话，总分班上倒数第一。高三以来，他的违纪少了一点，但心不在学习上，九月份又被我没收两次手机，在班上影响极坏。我把他安排到讲台旁单坐，天天关注他，想方设法激励他。一个多月后的期中考试，当我念到他总分是我们班的第三名时，他惊呆了，全班也爆发出一阵热烈的掌声。我给他颁发了特别进步奖，奖给他一个漂亮的书箱。马上又要月考了，他应该是担心考不好，大家对他失望。

二、案例分析

曾同学的父亲常年在外打工，母亲一边带二岁的小弟弟一边在附近打零工，爷爷奶奶照顾他多一点。这样的孩子，缺关注缺爱，更缺合适的引导。经过一段时间的思考，我决定从心理方面对他进行引导。我抓住几个节点，先后利用了皮格马利翁效应、飞轮效应、马太效应，取得了明显成效。他现在的状态，我准备利用瓦伦达效应去化解。曾同学和另外几个同学的进步，又引发了其他同学的从众效应，班级氛围整体向好。

1. 皮格马利翁效应，唤醒内在潜力

皮格马利翁效应的原理是：你期望什么，你就会得到什么。教师对学生的殷切希望和信任，具有一种能量，可以激发他积极向上的动力，增强自信心，从而达到我们的期待。我经常找曾同学谈心，也在班上反复宣扬：曾同学不仅是个聪明的同学，更是个有前途的同学；如果能努一把力，一定能成为真正的人才。在这样的肯定和殷切希望包围中，曾同学每犯一次错误，内心的惭愧就增加一分。这个阶段，从高二一直持续到高三，长达半年。他违纪越来越少，看我的眼神也逐渐柔和起来。

坐到讲台旁不久，学校开运动会，他主动报了4×100米和4×400米接力赛，还分别获得了第二、第四的好成绩。我给他颁奖时，当众对他说“老师真为你骄傲！老师没有看错人！”那一刻，我似乎看到了他眼里有泪光闪烁。

2. 飞轮效应，突破临界点

运动会后，我知道，我等待的机会来了。那天，我们有十几分钟的谈心。我给他讲了飞轮效应，开头用力后面就会轻松很多了，告诉他在学习上需要突破开头的行动难关，就像跑步需要熬过最难受的阶段一样。“要不，咱试试努力一段时间，看能不能把成绩提升一下？”最后我这样说。同时我还联系了专业课老师和数学老师，帮他定学习计划，一对一辅导。从此，教室里多了一双专注的眼睛，

一个课间埋头学习的身影，寝室里也多了一个挑灯夜读的同学。功夫不负有心人，通过一个多月的努力，本来记忆力就不错，也善于思考的他不负众望，在期中考试中创造了一个奇迹。他的脸上洋溢着自信的笑容。

3. 马太效应，强化取得成绩

从那以后，他的爷爷和妈妈一有空就来学校看他，有时一周来几次，不断鼓励他，还给他带生活用品和各种食物。每次他跟我分享小零食的时候，我都由衷地感叹："你现在是咱班最幸福的宝宝了，这都是你前段时间努力的结果，再接再厉才会有越来越大的收获哦!"在这个谈话中，我应用了马太效应中强者会更强的原理来强化心理暗示。目前，他的数学成绩已经稳定在班级 15 名左右(高二是 20 多分，倒数第一)，下一步目标是稳定在班级前 8 名。每次只要获得了一点新的进步，我就表扬他，满足他的一个合理的要求。

4. 瓦伦达效应，卸下心理负担

这次的抽烟事件，警醒我要不断关注成长中学生的心理状态，特别是高三学生普遍的心理压力问题。压力其实是有上进心的一种体现，只是要学会合理转移或者宣泄。而瓦伦达效应刚好能帮学生缓解心理压力。它的原理是：无论做任何事情，只想着做好当前的事情，不考虑此外的一切其他事，从而获得成功。我告诉曾同学，以往的事实证明了你的努力方向是对的，那就不要想得太多，患得患失，而应该着眼于当下的学习，没有必要怀疑自己，只要坚持跟以前一样，该怎么努力就怎么努力就行了。

5. 从众效应，营造上进氛围

榜样的力量是无穷的。曾同学以及另外几个进步很大的同学在班上树立了标杆，激励了好几个以前习惯不好或者基础太差的同学，班上掀起了你追我赶的学习热潮，以前违规带手机，上课迟到、睡觉、讲话等不良现象基本消失。几次考试下来，班级总成绩大有进步。卢同学、彭同学以前上课老走神，现在上课均眼睛炯炯有神，上个月专业课省调考分别年级第一和第四；唐同学以前上课睡觉、课余打闹，现在下自习还在家背书，月考总分跃居班级第四；喻同学高二沉迷手机，班级倒数第五，现在已经是师生公认最勤奋的同学，总分上升到前十……

三、案例反思

这个案例让我体会到心理效应在中职生思想教育中，的确有四两拨千斤、从源头解决问题的作用。利用心理效应疏导学生，其实就是一个不断强化学生心理上的积极暗示，不断弱化消极的心理暗示的过程。在这个过程中，要收到好的教育效果，我们还必须做到有耐心、有细心、有恒心。

中职的大部分孩子，就像长在阴暗的角落的青苔一样需要阳光雨露。如果我们教育者能用爱心去关注每一个孩子，给他们以适当的心理引导，我们的孩子就能早日绽放令人惊艳的花朵。

让孤独的孩子不再迷茫

田　原

一、案例

熊同学是我受导的一名男生，他很聪明，平时上课反应快，思维灵敏。尤其是在专业课学习方面尤为突出，空间想象能力极强，是个很不错的学生。但初见时，他却是一个玩世不恭、不爱学习、作业不交，老师找他谈话也是爱答不理、邋里邋遢、一身毛病的“学困生”。

我和他第一次擦出火花是在一次“机械制图”课上。当时在学习新课“空间线段投影”，这是整个课程较难的内容。当时为了让学生很好的理解课程内容，我让全班学生闭上眼睛，想象自己在一个正方体的密闭空间中，身边有很多不同的线在随自己的意识飘来寻找灵感。可能是我的这种教学方法他没见过，感觉好奇，结果也出乎我的意料，全班 40 多个同学只有他完成了相关的 8 道练习题，正确率 100%。当时我感觉很诧异，也很开心。他得到了我为数不多的表扬，那节课他很投入，也很开心。

课后我找到班主任了解熊同学的情况，得知他是一个单亲家庭。妈妈在他很小的时候就离家出走至今未回，爸爸在附近一工厂上班，家里很拮据，是建档立卡贫困户。爸爸水平有限，不仅没有给予他很好的家庭教育，反而促使熊同学很叛逆。几次都被赶回家反省，有一次学校都要劝其退学了，但由于是建档立卡户被村干部送回学校，请求学校再给一次机会。得知情况我很心酸，感觉很可惜。所以主动要求担任他的导师，试着用我的方法让他不在孤单。

自那以后，我经常创造机会请他一起到食堂吃饭，跟他拉近关系。刚开始他十分抵触，经过我的软磨硬泡，我们的关系不知不觉地拉近了，他也尝试着和我敞开心扉，和我聊起了家人朋友。记得有一次我问他为什么每天下了晚自习不回家，他沉默了很久，喃喃地说道，“我不想回家，家里没人，爸爸晚上下班回来也是倒头就睡，偶尔爸爸在家休息，我回去就跟他吵架，懒得回去”，“其实也没到什么地方去，只是在回家的路上闲逛或者坐着发呆”。听到这儿，我什么也没说，于是决定家访。

第一次家访他很不情愿，最后拗不过我还是同意了。当时他爸爸不在家，当我踏入他家大门的时候我傻了，太乱了，可以说是脏乱差。当时他很不好意思，我装作若无其事，说比我小时候家里好多了。在等他爸爸的时候我提议一起把家里收拾一下，他不太愿意，似乎也不太会。我们一边聊天一边收拾，很快就收拾完毕，看着收拾好的房间他笑了，我也很开心。待到他爸爸回来，看到一切很诧异也很开心。在与他爸爸聊到熊同学的时候，他哭了，倾诉着这么多年的委屈与无奈，我当时无所适从，只能默默感叹：这就是单亲家庭孩子问题多的原因吧！那一刻熊同学跟爸爸的关系似乎近了不少，我也在心里暗暗决定一定要让熊同学改变现状，让他在今后的人生路上不再迷茫。自那以后，我每学期至少家访两次，每一次都有所不同，每一次都有新收获。

在学习上安排熊同学为“机械制图”课代表，帮我收发作业。批改作业时让他在一边帮忙，让他分析同学们错题的原因，自习课时让他讲解错题。发挥他的特长，寻找一切机会表扬他，在表扬中他越干越起劲，其他科目的成绩都有了明显的提高。渐渐地熊同学也进入其他老师的眼里，在班级成绩分析会上时常能够听到老师对他的夸奖。

由于成绩的提升他顺利进入高三技能高考班，他感觉实操成绩跟不上，主动找到我要求利用课余时间跟随钳工技能大赛参赛队训练，我欣然同意。在训练中他比比赛选手还刻苦，我很欣慰。

在一个凌晨 4 点我被电话声吵醒，按下接听键的同时电话那头传来了激动的声音，老师我考了587分！可能上本科！我才反应过来，当天技能高考出成绩，我连忙表示祝贺。当本科分数线下来后，他差1分没有考上本科。后来他和他父亲找到我说：老师虽然没考上本科很遗憾，但我很开心。非常感谢您，如果不是您我就没有机会上大学了……

二、案例分析

经过与班主任、家长和学生的交流，分析出孩子叛逆，性格孤僻的原因主要是家庭原因：①单亲家庭，孩子很少体会到家的温暖。②家庭成员的文化层次较低未能给予他很好的家庭教育。③家庭条件差，与同学之间存在较大差距，让他产生自卑心理，并且未能及时给予疏导纠正。

三、育人方法

1. 尊重学生，培养信心

爱默森说："教育成功的秘密在于尊重学生。"其实每一个学生都有强烈的自尊心，尤其是那些平时不被关注的孩子。抓住"闪光点"及时表扬他们好的思想苗头和行为。让他知道在老师的眼中自己和其他同学一样，都是很棒的，以此来激起他的自尊心，逐步唤起他追求进步的渴望。

2. 付出爱心，温暖心灵

有人说："一切最好的教育方法，一切最好的教育艺术，都产生于教育对学生无比热爱的炽热心灵中。"爱心是一种温柔的力量，它可以穿透人的心灵。因此，我尝试着用爱心待他，用真诚待他，走进他的内心，成为他心中可亲可近，可以推心置腹无话不谈的朋友，从而顺利达到教育和引导的目的。

3. 家校配合，双管齐下

熊同学之所以成为“学困生”，与家长及家庭教育分不开。要真正教育好他，需要家长的全力配合。进行家访，和家长进行深入全面的沟通和交流，为解决父子之间的矛盾搭桥引路，并为家长提供一些教育孩子的方法。做好家庭教育才是教育的根本。

四、辅导成效

从一个游走在辍学边缘的“学困生”，渐渐在学习上重拾自信，父子关系日益缓和；一个孤独的孩子逐渐开朗，融入班级大家庭，并成为重要成员；导师引领，技能成才，通过技能高考上理想大学。

五、案例反思

(1)家庭教育是基础。家庭教育是整个教育体系中不可分割的重要组成部分，是教育体系的基础。家长的作用是举足轻重的，他们是孩子第一任乃至终身的老师。家庭的环境布置、生活方式对孩子的成长也有不可忽视的积极的或消极的作用。因此良好的家庭环境是教育好孩子的前提。

(2)注重学生心理问题。在社会发展日趋多元化的今天，人们也被各种各样的心理问题困扰。学生们的许多心理问题，或被自我掩盖，或被成人忽视，视而不见，置若罔闻，以致不少孩子感到难以获得理解，觉得孤立无助，我们不能等闲视之。

从沉默寡言到阳光青年

郑玉荣

一、个案情况

黄五，2012 级机电四班学生，是我辅导的 9 个学生之一。在我和他初次见面，想了解一下他的基本情况时，发现他并不愿意交流，不是一问一答就是半天一答，我以为是他和我初次打交道比较生疏才有如此表现，向其家长了解到他在亲戚朋友面前表现也是如此。这样看来他属于沉默寡言的那类学生，沉默已形成了他的一种习惯。

二、原因分析

青年本应活力四射，为什么黄五却形成了沉默寡言的习惯呢？我联系了他的母亲，了解了他的成长背景：他父亲是一个不负责任的男人，有很多不良习惯，很不顾家，他母亲忍无可忍，在他 6 岁时那年与他父亲离婚。他随母亲生活，为了给他创造更好的生活，他母亲辞掉了市人民医院的工作，只身到广州打拼，而把他交给了外公外婆照看，每年只有在过年的时候回家看看。经过近 10 年的经营，他母亲在广州开了一个私人诊所，条件好了，收入也多了，但她也清晰地意识到与儿子的距离也越来越远了，因为从初三开始儿子在她面前已经是沉默寡言了。很明显，家庭环境原因在很大程度上造成这种沉默寡言，这种状态对他自己来说是一种带刺的自我保护。他母亲也意识到问题的严重性，遂于 2022 年 9 月将广州的私人诊所转让，回到当阳亲自对他进行监管。

三、教育过程

如何让他阳光起来呢？我首先想到要和他走得近一点，要他主动向我走近是不现实的，那就只有我和他主动走近一点了。我经常利用午休前的时间到教室里去看一看，把他找出来聊一聊，问一问学习情况、和同学们相处的状况等；下晚自习了也常常转到他的寝室去看一看，向他问问寝室生活情况；另外也经常和班主任刘老师交流了解他的班级表现情况，借刘老师的口传递我对他的关注。经过近 1 个月的交流，他跟我减小了距离，见到我去找他的时候总能露出笑脸。

有了这个基础，我开始在以后的交流中向他讲我了解到的他母亲的情况，为了他母亲放弃了自己 10 年奋斗创立的私人诊所，回到当阳陪他完成中职学业，只为改变他这种沉默寡言的现状，阳光起来。希望他能理解不管是过去在外打拼还是现在回到当阳照看他，都是出于对他的关爱，我也希望和他成为朋友式的老师，对他能有更多帮助。并对他提了两点要求：一是为自己的中职生活定一个规划，通过三年的中职学习做到“三个一”(一个好习惯、一副好身体、一门好技能)；二是每月能以“老师，我进步了”为主题写一篇书面小结，以示自我激励，并把进步告知母亲。他有点犹豫，但还是认真地点了点头，我又笑着激将他说：“这两点要求中的几句话很好说，答应也容易，但要做到却不是那么容易的，男子汉说到可要做到。”他终于憋足了劲说了句“可以”。

此后，我利用下晚自习后查寝、中午留校时间、值日等机会经常性地找他交流，询问学习习惯、行为习惯上的一些情况，提出我的建议和希望；利用学校规定的进寝室辅导内务时间，查看内务整理，给他指点，没做好的说了没效果的亲自示范，在这些交流过程中反复告诫他实现“三个一”规划目标不是靠玩能实现的，必须从自己的一言一行、从一件件小事做起。慢慢地他从按时就寝、早起锻炼、整理内务等方面由茫然变得主动起来了，面对这些细微的进步，我一方面当面肯定他，另一方面将这些情况反馈给班主任刘老师和他的母亲，也请他们适时予以肯定。

鉴于他的成长进步，在 2022 年 10 月底机电部举行的“优秀学生”评比活动中，班主任刘老师推荐了他，并让他拿着推荐表找我写推荐意见，我也非常高兴，在对他予以充分的肯定之后签上意见，并鼓励他再接再厉，争取更大的进步。

经历了这件事，他明显比以往自信和阳光了。期中考试后学校要分专业部开会，我把他找来了解了他的考试情况，成绩平平，我比较担心他不肯请家长来参加家长会，就问他：“是你来通知你母亲来开会呢还是我来通知?”没想到他却爽快地说：“我来通知。”果然，家长会那天，他母亲刚到校就给我打电话，告知她来参加家长会了，在会议的导师与家长见面交流阶段，我当着他的面向他母亲讲述了两个月以来成长的点点滴滴，他母亲感到非常舒心，说：“我在广州没回来时，宜昌某中专学校的老师请我把孩子送到他们那里去读书，幸亏我拒绝了，把孩子放在这里读书这一步我是走对了。”

成长的道路也不是一帆风顺的。一次放半月假后返校时，我接到他母亲的电话：“郑老师，我在黄五的枕头下发现了一支没有抽过的香烟，我担心他是不是跟一些不三不四的人在一起，这样可不好。”我劝她不要着急，我来了解一下情况。我找到了黄五，询问他周末休息跟哪些人在一起，是否吸烟了，并把他母亲的担心转告给他，他也没有隐瞒，告诉我说跟原来初中的几个同学在一起，他们现在没读书了，他们抽烟随手也递给了他几支，碍于面子他接了并跟着抽了一点，感觉不好，剩下的随手装在兜里，返校时扔在家里枕头下，没想到让母亲发现并让她担心了。我对他表示了信任并告诫他这样的朋友惹不起但躲得起，他听从并遵守了我的建议，以后抽烟的事情再也没有发生。

类似的情况我都及时向他的母亲和班主任刘老师反馈，我也从他们那里了解到关于他的更多情况，过了一个学期后他给家长和老师的印象就是比较阳光的了，在校园里，他见到我总能主动打招呼问好，碰到我值日在操场上巡视时，他有时还主动跑过来跟我聊一聊他的近况。在学期末推荐自学考试大专班时，他和他母亲还主动向我了解相关情况，最终坚定地报了自考大专班，表现出对我的高度信任。

在 2022 年的家访活动中，他母亲由衷地说了一句话："虽然舍弃了奋斗 10 年的私人诊所，但我在关键时期赢得了对孩子的教育，我做得值！"

四、反思心得

教育永远是一门充满缺憾的艺术，因为我们的教育对象不可能那么规范地按照我们的教育思路去发展，但正是这种缺憾不断激励着我们去追求和探索教育的方法。反思这一年来和黄五的交流，我的体会是育人者要使学生认同和接受自己的教育，需走建立信任、反复交流之路，对学生要多宽容、多激励，要特别有耐心。要做到这些就需要我们携带两颗心——责任心和爱心，有一句话说得好：爱自己的孩子是人，爱别人的孩子是神。导师的职责要求我们不仅要做一名好人，而且要做一名永不停步的追神者。

愿你早日走出迷茫

鲁　卫

有研究表明，父母管教过严的家庭，孩子患抑郁症和焦虑症的比例是普通家庭的3倍。自古以来，口口相传的教子经验就是“打是亲骂是爱，不打不骂是祸害”。打骂的结果使家长失去了在家庭中的威信，使孩子觉得父母不可亲，对父母疏远、冷漠、仇视。父母经常斥责、否定孩子，反对孩子的选择，对敏感内向的孩子来说，很容易加剧他们的不愉快感、低落情绪和自卑心理，严重的可能发展为抑郁症。下面的案例或许会引起大家对亲子关系和孩子教育方面的一些思考。

小陈，女，原住庙前镇烟集村，现租住在安康医院附近。该生自开学以来就沉默寡言，很少与老师、同学交流；新生军训期间，也因为不能适应高强度训练，总是请假在一旁休息；课堂上她常常目光呆滞，精神恍惚，不能专注听讲。

作为她的班主任和成长导师，我不免有些疑惑：一个花季少女，究竟经历了什么，在她身上竟看不到一点自信、阳光和开朗。开学两周后，我找她谈话，问起她的情况。她只是说自己晚上睡觉总是失眠，所以精神状态不是很好；有胃疼的老毛病，站久了或者跑步时就会满头大汗、恶心、呕吐等。随后她跟我申请早操和课间操能否不参加跑步，我答应了她的请求，并且嘱咐她晚上一定早睡，不要玩得太晚。

又过了一周，学校利用“绿萝心理云平台”对所有学生进行了一次心理健康测评。测评结果出来后，小陈竟然被定性为一级心理危机，需要重点关注和干预，这着实让我大吃一惊。我找她来我办公室，根据平台提供的测评表，又对她进行了一次复核测评，并和她进行了深入的谈话交流。这一次她也向我敞开心扉，讲述了她的家庭情况和自己的病情。

她是一名抑郁症患者。从小母亲就对她要求十分严格苛刻，各科成绩都给她定下目标，没有达成就是一顿打骂，外加罚抄书本或作业，有时还把她关“小黑屋”。作为孩子的她却无法反抗，只能默默承受。她也想过摆脱这一切，初中二年级那段时间她没有食欲，也睡不着觉，经常把自己关在屋子里，不与人交流。关上房门，也意味着永远地关上了自己的心门。母亲察觉到她的异样，带她到宜昌市优抚医院治疗，经医生诊断确诊为抑郁症，她因此在家休学了半年。休学后她参加中考，考入了职教中心。从那以后，她便一直服用精神类药物。长期服药的副作用，加上内心的焦虑和紧张，使她常常出现胃疼、食欲不振、心慌、失眠等症状。

听了她的讲述，我的心情久久不能平静：弱小的她，一直以来竟承受着如此巨大的精神压力，给她的身心造成了不可逆的伤害！虽然我一个劲儿地安慰她说“父母是真心爱你的”，但内心却对她十分同情。后来我教了她一些自我精神调节的方法，希望对她有些帮助。那个时候的我，十分迫切地想见一见她的父母。

一个星期六的下午，天灰蒙蒙的，下着小雨，我到小陈家里家访。因为提前进行了电话联系，她母亲早早地站在门口迎接我。走进屋内，那是一个只有十多平米的小平房，一间卧室里放了一张桌子、一把椅子和一张床，外加隔间里一个厨房。她妈妈说这里离当阳安康医院近，也离学校近，方便。我跟她妈妈介绍了孩子在学校的一些表现，也询问了孩子的病情。她认真地听完后又十分平静地介绍起孩子这几年的遭遇，言语间充满了后悔和自责。她和孩子爸爸都是农村人，以前没有读过什么书，吃了不少生活的苦，所以希望孩子好好读书，出人头地。那个时候眼里只有孩子的成绩，却忽略了孩子的内心感受。现在看来，孩子的健康才是最重要的。现在一家人租住在这里，只想一心一意陪护她、照顾她，成绩无所谓，只要孩子健康，做一个快乐的普通人就好……

我很庆幸家长能有这种想法，同时也在心里嘀咕“早知今日，何必当初”呢？但我并没有说出来，只是不断地安慰她，好好配合孩子的治疗，也配合学校和老师的教育，让孩子健康快乐地成长。接着，我和她妈妈交流了我的一些想法：面对抑郁的孩子，做家长的要尝试把自己当成孩子，用同理心和孩子交流，试着走进孩子的世界；可以每天对孩子说一句鼓励的表达爱意的话，或者给孩子一个拥抱；可以尝试和孩子共同完成一项长期任务，如共同制订一个家庭劳动计划、家庭旅行计划等；和孩子一起成长，一同面对生活中的难题，做孩子永远最可靠的伙伴。她妈妈一边听着我的建议，一边频频点头表示赞同。

接着我把小陈叫了进来，送给了她一本事先准备好的席慕蓉的诗集《无怨的青春》，那是我女儿读高中时特别喜欢的一本书，我想小陈也一定会喜欢。她接过书，弯腰给我鞠了一躬，说了声“谢谢老师”。那一刻我眼眶有些湿润。随后我问她有什么心愿，她十分认真地说道：“我希望我的病快点好起来；我还希望班上的同学不总是用异样的眼光看我，我真心希望能与他们友好相处!”多么简单朴实的愿望啊！临末了，我拿过送给她的那本诗集，在书的扉页上郑重地写下了两行字：“愿你青春不再迷茫，笑容常挂脸上!”

家访结束，小陈妈妈坚持要送我，一直送到了街上。这时候，我抬头看天，雨停了，太阳从云层里露出半边脸，照在身上暖洋洋的。我真心希望小陈也能感受到这份阳光的温暖。

小陈是众多抑郁症患者中的个例，却极具代表性。她患病主要还是因为不良的家庭教育。做父母的，不妨放下身段多与孩子聊聊，听听他们的声音，站在他们的立场想想他们需要怎样的生活；做老师的，不妨凭着自己的爱心，走进孩子的内心，帮他们拨开云雾，洒下一片阳光，早日走出迷茫。

点一盏心灯，照未来之路

郑玉尼

"爱在左，责任在右，走在生命之路的两旁，随时撒种，随时开花……"每每读起冰心这首诗，我的心底就涌动起一股暖流。当学生的成长导师辛苦，但苦中有乐，乐中有趣。看着孩子们慢慢成熟、学业进步，都是我坚持不懈的动力。在与孩子们朝夕相处之际，我也从点滴中收获了快乐和幸福，在此分享我在导师工作方面的收获。

一、案例背景

个人因素：男生小磊，16 岁，2017 级新生，性格内向，不愿与人交流，再加上从小学习成绩不好，家庭环境贫困，显得格外自卑，过重的心理负担使他不能正确认识自己，看不到自己的优点，但在家里是个勤快的孩子，也心疼爷爷奶奶的不容易。

家庭因素：通过新生家访得知在小磊很小的时候父母就离异，而且父亲有精神方面的问题，生活上只能勉强自理。从小到大全靠爷爷奶奶照顾小磊，但是沟通交流少，由于家庭环境影响，孩子慢慢变得内向，时间长了，孤独、离群等情感障碍也随之而来。

问题分析：母爱缺失、父亲得病、家庭贫困、和老人沟通不畅、成绩不理想等因素都是影响小磊身心健康发展的绊脚石，这是一个缺爱和安全感的孩子，每次看着他一个人默默地坐在教室里的样子，我的内心就充满了心疼。

二、辅导策略

第一，家校沟通，促进转变。开学后通过近一个月的观察，我发现每次课外活动同学们都去操场上撒欢的时候，他都是一个人在教室里或者回寝室待着。我借着检查卫生的由头走进教室，当我看到讲台和空调上一尘不染时，我夸赞小磊是个做事细致、让人放心的孩子，我们的聊天从“在家你肯定也经常帮奶奶干活吧”开始。说是聊天，其实大多时间是我一人在自说自话，聊了将近半小时，从头至尾他都不看我的眼睛，始终低着头，偶尔望一望窗外，第二天我就和他奶奶通了电话。

了解了小磊的情况之后，我心里久久不能平静，我想通过我的努力让他慢慢找回自信。之后我每周和他奶奶通一次电话，交流他在学校的学习、生活情况，让爷爷奶奶也能在家和他有共同语言。慢慢地，奶奶会对我说小磊的变化，现在他偶尔会跟爷爷奶奶汇报，学校举行了什么大型活动，他也参与其中……

这种沟通持续了整整一学年后，在第二学年的家长会上，我见到了小磊的父亲，一个反应能力和常人比起来偏慢的人，孩子微笑着主动领爸爸到座位上，把大的板凳让给爸爸坐，自己坐小板凳。奶奶跟我打电话说，爸爸的精神状况有所好转，所以这也是小磊第一次主动要求让爸爸来参加家长会，我心里说不出来的高兴，孩子的变化让家庭氛围都不一样了！

第二，情感关怀，心灵沟通。2018 年的冬天接连下了几场大雪，路上的雪都已经漫过脚踝，学校考虑学生出行安全问题，周末没有放假。那时候学校还没有实行学生饭卡绑定家长银行卡，学生的生活费都是周末回去取，再到食堂充饭卡。两天的周末时间，除了上课，课余时间我就带着学生在我们清洁区的过道上铲雪。周日下午我突然想起这周还没给小磊奶奶打电话，拨通了奶奶电话，还没等我说话，奶奶焦急的声音就传了过来，原来他们周五得知不放假的消息后，爷爷担心小磊没有生活费，在周六早上准备骑自行车送来，结果还没骑到村口就摔倒，把腰摔坏了，现在只能躺在家静养，爷爷奶奶不会手机转账，又怕麻烦我，也一直没打电话给我。我听完后心里十分内疚，我本应该在周五的时候就打电话给奶奶，这样爷爷不会摔跤，奶奶也不会着急。挂掉电话我就主动找到小磊，先聊了聊别的事情，再问他生活费够不够用，他沉默了一会儿，很小声音说了一句“可能够吧”，我说我可以借一点给他，而且这周没有回家的住读生都可以找我借，下周带给我就可以了，不是什么大事。可能面对的对象是老师，又要主动借钱他，他很惊讶，终于肯抬起头看了我一眼，我明显感觉他对我信任了很多。之后我再跟小磊聊天的时候，他的话明显多了起来，不再抵触。

第三，激励教育，唤起自信。在一次聊天中，我了解到他很喜欢唱歌，经常在K歌软件上传他录的歌曲。之后我在音乐课上就格外关注他的表现，课下我还会和他一起探讨唱歌的技巧，我发现他在歌唱和表演方面有一定天赋，若有机会锻炼锻炼，一定是个不错的苗子。慢慢地他变得爱笑了……有一次班团游戏活动他输了，要表演才艺，他犹豫了一会儿，接下来声情并茂的演唱赢得了同学们阵阵掌声，我心里终于有了一些安慰。

在2019年的宜昌市中职学校汉语言文化大赛中，小磊扮演了一个小角色登台表演，看着舞台上的小磊，个子也高了，表演娴熟自信，我心里感慨万千，这就是开学时那个瘦瘦小小、不太敢看老师的孩子呀！

第四，持续关注，陪伴成长。2020年的6月，小磊毕业了，通过单招上了一个普通的大专，毕业时小磊对我说：“老师，虽然我的成绩不足以让您骄傲，但我会一直努力，一直做一个积极进取的人。”我说这就够了，人生的意义在于不畏惧困难，努力向前，实现自己一个个大大小小的目标，这样我们的人生就会熠熠生辉。进入大学后，逢年过节我都会收到小磊的信息，一句简单的问候或者祝福，足以让我开心一整天，因为从字里行间都能看出小磊正向着更优秀的自己大踏步前进！

我常常想，世界上没有两片完全相同的树叶，可每一片树叶都有属于它自己的美。小磊生活在一个特殊家庭，作为老师我要做的就是慢慢引导他走出孤独，放大他的优点，让他健康成长。我只是一个平凡的导师，没有惊天动地的壮举，我愿继续播种平凡的点滴，点亮孩子们的心灯，收获他们阳光的人格，照亮他们出彩的人生路！

当阳市职教中心优秀导师简介
凝聚教育智慧
打造德育精品

生活指导篇

生活指导篇的10篇文章，是当阳市职教中心的老师们实施“学生成长导师制”的一些体会。这些论文不只是写生活辅导，而且涉及思想、学业、心理、生活多个方面，读者可以从生活指导的视角分享其具体和经验，也可做进一步的研究。

中职学生中，有不少是在单亲家庭、离异家庭等背景中成长的。其中有留守儿童、有困境学生。他们的生活自理能力、自制能力、为人处世能力以及学习能力，基础都比较薄弱。有打架斗殴的，有沉迷网络缺课旷课的，有打算“破罐子破摔”自暴自弃的，有丧失信心认为自己“不是学习的料”的……如何根据这些学生的现实基础，引导他们开启新的生活？

没有劈头盖脸地训斥，没有严厉无情地处分。有这样一些镜头：在学生上网的必经之地“伏击”，在宿舍手把手教学生叠被子、整理内务，走进学校食堂和学生共进午餐，与学生一起下象棋、打篮球，组织学生和兄弟班进行拔河比赛，安排一个由班长、小组长组成的“私人小组”对“厌学”的同学进行长期“传帮带”，常给家长报喜，找机会多给予学生个别辅导，戴着“放大镜”看学生的“优点”，发动全班给某位进步的同学掌声，拜学生为师学做新广播体操，与学生互为“师徒”……这些镜头反映出的方式方法，带有很大的偶然性，然后正是这些众多的偶然性，为学生健康成长的必然性开辟了道路。导师们用自己的爱心、耐心、责任心以及专业智慧在走近学生，正如一位教师的论文所说，“像对待自己的孩子一样呵护、引领他们成长”。于是，师生之间的心理距离被拉近，学生对老师的心理防线被融化，师生之间有思想的交流，情感的交融，彼此的接纳，相互的理解，无动于衷的“顽石”在“涓涓细流”中慢慢变为“鹅卵石”……我们看到，打架斗殴的男生握手言和了，“问题学生”绘出了漂亮的黑板报插图，沉迷网络的参加了技能大赛，厌倦上文化课的毕业时被招入特种兵……

当阳市职教中心“学生成长导师制”的实施内容中，有个“五个一”活动，即同读一本书，同吃一顿饭，同参加一次运动，同做一次内务，同演一个节目。这“五个一”活动，说起来简单得不能再简单，平凡得不能再平凡，却能使“三全育人”即全员育人、全程育人、全方位育人的方略，在这些实际工作中悄然落地。可见，“学生成长导师制”的确是“三全育人”的好抓手！

导师在校企合作、产教融合中需要做好哪些工作？《浅谈实习生导师的“五期五导”效力》值得一读。《有一种“残缺”叫“完美”》介绍说：有一种技巧叫“搭台”，有一种心距叫“贴近”，有一种能量叫“包容”……其中的故事，或许对更好地教育职教学生有新的启示。

（**张爱群**，华中师范大学学校文化研究中心研究员）

四步渐进释矛盾，重拾友情暖人心

朱凤梅

刚坐下来，端起杯子喝口水，喘口气儿，突然，班长满头大汗跑进来说：“老师，小天和小凯打架了，把桌子椅子都掀倒了！”操场上，运动员进行曲正在热火朝天地喧闹着，我的心一下子降到了冰点：平日这两人相处甚好，经常称兄道弟，有时还共同探讨学习上的问题，怎么今天就互相翻脸无情了？我平复了一下心情，问道：“怎么友谊的小船说翻就翻？”

原来在运动会期间，小天穿着熊猫表演服，小凯在小天走过他身边时，故意将脚一伸，将小天绊倒并拍掌哄笑，小天发怒把大本营的桌子掀翻，并且冲过去打了小凯一下，小凯愣了一下后也还手，此时其他同学迅速将两人拉开，两人还互相叫嚷着要绝交。听完班长的描述，我既愤怒又感到好笑，愤怒的是，刚离开他们不到一分钟，连水都没来得及喝下去，就出幺蛾子了；好笑的是，看来我不仅要化解两人矛盾，还要帮助他们重拾友情。

第一步：了解情况。

我把小天和小凯喊进办公室，让他们各自写下当时两人打架的详细过程。小凯认为自己平时和小天关系这么铁，平时也是打打闹闹的，想着这次也只是逗小天，没想到他立刻就冲过来打人。小凯在和我说明情况的时候，表情还是充满着埋怨。

小天听了之后也生气地嘟囔了一句：“本来中午妈妈骂了我一顿，我心情已经很沮丧了，来到学校后你没安慰我，反而绊倒我，我摔得这么痛，让在场的同学都笑话我，我不应该还手吗？”

在学生发生矛盾时，做导师最忌讳就是找学生劈头盖脸一顿责骂，要先找他们了解情况，在了解情况的过程中，可以采取问、写的方式进行。如果学生不愿意回答，我们则可以询问其他同学。在了解事情经过时，要注意观察学生的表情，不要随便打断学生的话，要把他们口中所讲的细节记在心里。

第二步：稳定情绪。

看到他们的情绪都比较激动，我就想要稳定他们的情绪。我就说："我记得有次在体育课上，小凯摔倒了，还是小天你负责将他送去医务室的；我还记得文艺汇演，小天跳街舞时忘记动作了，事后小凯你还特意去安慰他。你们扪心自问，难道你们互相帮助的情谊在之前都是假的吗？"我看着他们的愤恨的表情已经消失，而且露出一些复杂的神情，眼睛偷偷瞄了对方一眼。我继续说："而且，打架可是违反校规的，你把小天绊倒在地上，若他磕破了下巴或者骨折了，你可就麻烦了。同样，小天，你冲动把桌子掀翻，还打了小凯，万一把桌子毁坏和把小凯打伤了，你要负的责任可就大了！"小天和小凯听了之后，抬头看我，脸上露出了一些担忧的神情，之前的发怒神情已消失殆尽。

学生发生矛盾时，情绪肯定会比较激动，这时他们或许会听不进其他人对他们的规劝，此时，我们就应该先稳定学生的情绪。稳定学生情绪的方法有很多，其中"互说优点""先跟后带"和"讲清后果"比较常用。"互说优点"的意思就是先心平气和地说出两人的优点，若两人关系较好且有互帮的经历，导师可以帮助他们"重温"这些经历，让他们回想当初两人友好时的情形，让学生认清"冲动是魔鬼"这个道理，教育自然就是水到渠成的事。

"先跟后带"是当学生说出一些偏激的语言时，我们先不要急着就去批评他，有时批评过严，只会加重学生的愤怒情绪。我们可以先顺着他所说的话往下问，然后再想办法平复他们的心情。

曾经有个学生 A，他和 B 因小事而吵架，并说狠话："我找哥哥来打你，我哥认识很多社会青年！"我知道此事后，便笑着故意问他要不要帮他立即联系他哥哥，立刻过来为他出气，A 对我的态度十分惊讶，然后我又和他说："但是我要提醒你，万一 B 受伤了，你要背负的后果是很严重的！"A 听了，脸色立变，支支吾吾地说，"老师，我说的是气话"，听到 A 的语气变软，我也松了一口气，开始慢慢教育他。

“讲清后果”是要告诉学生，他们有时做的错事会产生很严重的后果，一旦犯错，就要承担责任。学生虽然会比较冲动，但他们也怕受到学校、家长甚至社会的批评和处罚。

第三步：换位思考。

这时，我发现他俩态度都变缓和了。我说：“老师曾经和你们说过，做人要懂得换位思考，不要一意孤行、蛮横倔强。你们俩换个位置想想，假如你们是对方，你们是不是就没有受到委屈？你们还能坚持说自己做得是对的吗？"

小天和小凯听了我的话，都低下头沉默不语。

我看到他们的表情，便知道要给台阶他们下了，于是我就让他们将换位思考后的想法和做法写出来，然后给对方看看。

一直以来，我的教育理念都是“换位思考，善待他人”，换位思考能使学生互相了解，化干戈为玉帛。要学生设身处地为对方想想，多点包容心特别是现在学校实行了小组合作教学模式，小组矛盾难以避免，但为了让小组合作更加有效，就必须组员懂得“换位思考”，促进小组的和谐互助。

第四步：晓之以情。

最后，我说了一番话：“你们在老师的心中都是守纪律、懂规矩的优秀学生，老师不希望因为你们一时的冲动就影响了你们的友谊，现在仅仅有一年的时间，你们就要毕业了，老师希望你们能够握手言和，真正的朋友得之难失之易，我希望你们不要带着这种遗憾到毕业。”

小天和小凯听完我的话，若有所思地点头。第二天，我又看见他俩在篮球场上打篮球，两个小家伙一起笑着、跑着。

让学生互相体谅对方后，导师就要发挥最后的作用了——晓之以情。和学生说一些有道理也要深情的话，但是要注意一点是，深情的话可不能滥用，必须是发自内心的肺腑之言，而且要合情合理。

我们要“晓之以情”，就必须有一颗“真心”，真心真意地从学生的角度出发，教会学生做人的道理，化解学生间的矛盾。若真心待人，别人也会以真心回应你，学生更是这样。

平日里要主动对受导学生嘘寒问暖，特别是一些”默默无闻”的学生，一句不经意的关心话语，都会激起学生心海的涟漪，让学生感到原来老师是有在关注自己的，当他们犯错误或者互相闹矛盾时，就会很相信你批评他们的每一句话，且是真心想要改正错误。

中职生正处于血气方刚、自以为是的叛逆阶段，他们既敏感又自尊，既自主又稚嫩，既固执又多疑，思考事情不周密，看待问题易偏激，是多重矛盾集于一身的“生物体”。

在导师工作中，最煞费苦心的无非是处理学生矛盾，引领他们健康成长。俗话说：“清官难断家务事。”但是，学生产生矛盾之后，这个“家务事”必须由具有家长身份的导师(班主任)用智慧的手段进行疏导。抓住这些教育契机，用艺术的手法来处理学生矛盾，也是作为导师(班主任)的必备品质。

对于学生产生的矛盾，导师(班主任)不能单纯只靠以哄或责骂的方式处理学生的矛盾，更不能“和稀泥”，各打五十大板了事，而要刚柔并济，击破学生内心愤怒、委屈的情绪，引导他们分析事情的缘由，让他们学会冷静对待与他人发生的矛盾和冲突，逐步化解其中的“梗阻”，增强理解包容之心，使学生间友谊长青。

爱是做好学生成长导师工作的原动力

曹良晶

学生成长导师的主要作用，个人认为，在生活上关心、学习上指导、思想上疏导、行为上引导，通过真情奉献，以交流、沟通、示范、关爱等方式，传递爱的情感；时刻关注，始终伴随，让每一个受导孩子平安、健康地成长。可谓爱是做好学生成长导师工作的原动力。爱的情感更应该体现在具体工作的言行，言传身教，诲人不倦中。下面谈几点导师工作感悟：

一、爱在肯定中

余一同学是302寝室的寝室长，非常爱好书画。在学校开展的文明寝室创建活动中，他带领寝室全体同学积极参与其中。在做好清洁卫生、内务整理等日常管理工作的同时，充分发挥自己的书法绘画才艺，着重于寝室文化建设，把302打扮得既温馨又有浓浓的文化氛围，很有特色。在他的带动、影响和全寝室成员共同努力下，最后302寝室被学校评为年度十佳寝室。知道此事后，我第一时间向他及寝室全体同学表示了祝贺，对他们的努力进行了充分肯定。我说，团结就是力量，同学齐心其利断金，有劳动创造就有成效，你们个个都是好样的。听了我的表扬和鼓励，他们非常高兴，而且非常自豪，并表示要继续努力，要把这一荣誉保持到毕业。在我们看来并不怎么华丽的几句话语，给孩子们却是如此巨大的鼓舞和力量。

爱并不是什么豪言壮语，有时只需要及时的肯定和真情的面对。所以在工作中，对孩子们一定不要吝惜我们的表扬和肯定，也不要太看重我们的矜持，要主动与他们交流，通过交流把爱传递给他们，就一定会给他们以鼓励、信心和力量。

二、爱在真诚中

与家长真诚沟通也是表达对孩子爱的一种重要方式。罗二同学在三月月考中因外语成绩统分少了 32 分，使自己的名次后退了几十名，背上了很大的包袱，情绪很受影响。当我知道这一情况后，首先向班主任了解情况，得知并不是统分的问题，是总分时少了 32 分，并且因为时间很紧，成绩表已经下发，再改也来不及了。了解情况后，即刻向其家长陈述了详情，及时沟通。我们因为工作疏忽造成不快，向其真诚地道歉。在道歉的同时我也谈自己的观点：成绩是给别人看的，自己知道就行，而且排名位次是动态的，这次靠前，下次月考不一定就在前面更不能决定高考的成绩，只有不断努力才是硬道理。我又说，这次的意外，也许是个好事，可以让孩子经受一次别样的考验，锻炼一下自己的心理承受力，把它当成一次挫折，有挫折就有进步，等到高考时有一个好的心理素质。希望我们一起来鼓励他，让他正确对待，迅速放下包袱，继续努力，把主要精力放到学习上去，迎接下次考试，直到高考。最后我对家长说，我们都希望孩子好，并表示我会向教务科、专业部说明情况，以他的实际成绩编排下次的考场，把对他的影响降到最低……

终于，我的真诚打动了他们。孩子、家长转忧为喜。

三、爱在示范中

爱美之心人皆有之。在寝室内务整理中，很多孩子都想把被子叠得美观漂亮，但因为冬天的棉被厚重，整理起来难度很大，费了九牛二虎之力，还就是臃肿、松散、难看。看到这种情况，通过观察发现是他们在折叠时还是按夏被的方式整理的，宽度、长度都放小了，所以又胖又肿，既占地方又难看。我指出了症结的所在，有些同学还是很为难，无从下手，不好意思地望着我。从他们的表情中我读懂了他们，便走到一个同学的床铺前，打开被子，我亲自动手折了起来，同学们也都围了过来，我趁机一步一步地示范了起来，先铺平，后打折，并把尺度适当放大了一点……不一会瘦了身、变样的、美观漂亮的被子就呈现在了大家面前。大家眼前一亮，惊喜不已，随后都高高兴兴地回到自己床铺，得心应手地折了起来。什么也没说，以身示范胜过一切漂亮的话，亲自做给同学们看看，对她们的爱护就尽在不言中。

可见，只有对学生充满爱，才能保持工作的热情，倾注自己的真情，像对待自己的孩子一样呵护、引领他们成长。不可谓不说爱才是做好学生成长导师工作的原动力。

坚持蕴育希望，爱心促进成长

刘　沛

在工作中我十分推崇“严是爱，宽是害”这一信条。因此，在以往的德育工作中，我常常会抱怨个别学生的屡教不改，哀叹自己的良苦用心付诸东流。

或许是“天将降大任于斯人”之故吧，在导师和受导学生的安排中，我被安排为生性倔强且“屡教不改”的男生小徐的导师。怎么办？“狭路相逢勇者胜!”我在内心里暗暗使劲，不相信自己教育不好他，可经过一番接触之后我才发现：麻烦大啦！原来，父母一直在外上班，早出晚归，根本没时间管理教育他，唯一教育的就是一个字“骂”，也就是这样的家庭环境，让他养成了从不正视自己问题，只找外部问题。如：他在寝室里住不习惯，向我申请走读，他总是说室友经常讲话到半夜，影响他休息，寝室卫生太差，有人经常不洗衣服和袜子，寝室里很臭。而据同寝室里反映，他从不和寝室里同学交流，一回寝室就睡觉，而他所说的问题同寝室均反映他夸大其词了；之后他还是要求走读，经常迟到，他就开始抱怨家里的闹钟不行，声音太小，闹铃不准时，等等。还有一次，他的语文作业没有交，他自己本知道要交语文作业但仍是没做，当语文老师问起他时，他竟说没有作业本做作业，当语文老师继续追问下去，他就说没有钱买作业本，爸妈不给他钱。甚至他有时候竟说自己到这个学校来是他父母教育出现的问题。在同学眼里他就是一个怪人。从他的行为上看，他是从不讲自己的问题，而出现问题就指向别人，把自己的责任推得一干二净。也不知道如何和同学友好相处，以自我为中心，从不给同学面子。导致同学经常搞恶作剧。如把零售袋放他课桌里，在他桌子上刻字。搞得他苦不堪言，经常向我告状。当我和他分析问题时他又是将问题推到别人的身上。针对他的问题，我想这不是一朝一夕的事，而他的问题更是家庭、社会、学校、同学综合影响的结果。为了使他正确认识自己，有正确的人生观和价值观，我决心对症下药，长期着力解决他的问题，制订长期指导计划。

首先，我得找准“病因”。为此，我下了好一番功夫：多次与其父母联系，不仅了解他在家的学习情况和日常表现，还了解他的身体状况、情绪变化等；在学校生活中，我更是特别注意他的课堂表现、课间活动、人际交往等，一言一行都看在眼里。经过全面观察和了解，我发现他的学习能力很强，上课听一下，能对老师讲的内容举一反三，但他注意力不集中，特别是有了手机之后，就放弃了学习；他的交往面很狭窄，只跟一两个同学玩耍；他还特别自傲，总觉得别人不如自己，与同学发生问题时总觉得是别人的错误。分析上述情况，我确定这孩子的问题出在两个方面，一是家庭因素的影响，二是心理上一直受压抑的影响。

其次，我“对症下药”。基于对其“病因”的了解与分析，作为教师，我能做的就是尽量帮助他排除学习的障碍，多关心，多呵护，多鼓励，增强他的学习信心，鼓足他学习的动力，使他走出自我。根据以上思考，我转变策略，开出了以下“药方”：

(1)课内外加强辅导，主要包括学习辅导与心理辅导。课上，我总是寻找机会多给予他个别辅导，经常提醒他上课认真听讲，常在全班交流之前先为他作适当的提示或讲解，让他心里多少有个底，而后在交流时多给他一些发言的机会，保证他的注意力始终集中在老师身上，也尽量从中找出可取之处加以鼓励，让他能常有展示自己的机会，以此树立他的信心和在同学中的良好形象。课下，我总会在他出现解题错误或畏难情绪时给以鼓励，同时在他当天表现突出的地方进行及时的强调及正确的分析，帮他扫除心理上的障碍。同时还安排一些优秀学生给他帮助，扩大了他的交往面，使他能更自然大方地面对班里更多的同学。

(2)戴着“放大镜”随时关注他，及时发现他的优点与进步。可以说，与班里其他成员相比，他的表现除了学习几乎没有突出的地方，想表扬他还真不容易。但是，有了“放大镜”，他的优点就明显了，他的点滴进步都能看得到了，自然，表扬他的机会也就多了。“你的学习态度有了进步，祝贺你!”“瞧，某某同学最近上课多认真啊，还经常举手发言呢!”“你今天的作业完成得不错，继续努力哦！”“老师真高兴我们班里的某某同学这么负责任，总能把老师交给他的任务完成好！”“你越来越肯动脑筋了，这真是可喜的进步！”诸如此类，每天总有几句称赞的话为他而响。渐渐地，他在学习时，眼睛里有了光彩，上课较之以前可认真多了，作业的质量也有明显提高，在同学眼里的形象也慢慢好转。

（3）常给他的家长报喜，增强家长信心，促动孩子发展。孩子的教育离不开家校合力。在学校里，教师的引导能带给孩子希望，带给孩子信心，带给孩子动力。同样，如果家长能再添一把力，那么效果肯定会倍增。因此，应特别重视家长的教育资源，让家长也能给孩子的进步添砖加瓦，不断增强孩子的信心，激活孩子内在的动力，使他们进步得更快。他的情况让家长多少有些失望，甚至对他的学习表现得比较冷淡，有时也有放弃的心理。因此，我在鼓励孩子的同时，也要给他的家长以希望与信心。于是，我总是及时把孩子的点滴进步反馈给家长，使他们看到孩子发展的潜力，以此鼓起他们对自己孩子的信心，再反应到对孩子的态度上来，使孩子从父母那里也时常得到一些肯定。这样，孩子的信心就更足了，学习劲头也更高了，由此逐渐形成良性循环。经过相当长的一段时间后，这位学生的各方面表现有了较为明显的进步，成绩也提高了不少。

“一分耕耘，一分收获。”经过师生的共同努力，收获了学生的不断进步成长；虽然这过程是艰辛的，但结果是令人欣喜的。我愿意为品尝累累硕果而付出辛勤的劳动，让更多的孩子走上学习生活的正轨，健康快乐成长！

你，从未被我忽视

饶飞云

一、案例事件

学生小陈，在进入职校之前的十几年间，都是在父亲严厉近乎苛刻的管束教育下成长起来的。上职校之后，从天而降的自由让他不知所措，而一直以来对于学习的抵触和反感也在顷刻之间得到了宣泄。他一度变得敏感、自卑，对周围的人产生不信任，并且更加沉迷于网络游戏之中，连续出现逃课、上网、夜不归寝、考试不及格等诸多现象。

作为班主任和导师，我决定采取主动出击的策略。首先在他上网必经之路上"伏击"了他几次，与其进行了长达三个小时的谈话。在这个过程中我并没有严厉地苛责他，而是用探询式的口吻询问了一些关于高中的计划和展望。在谈话中，他很坦然地向我陈述了自己的"厌学"心理，并且一再表示自己不是学习的料，还不如回家种地。面对这样的情况，我一方面发动他在年级中的一些好友帮助我做他的思想工作，稳住他的情绪，让他有几天思考的时间。另一方面也积极与家长取得联系。通过和家长的沟通，我大致了解了他的厌学心理主要源于从前父亲的压制学习和棍棒教育。在这种情况下，我改变策略，决定给其"减压"。我先帮助他分析了他的家庭以及个人情况，坚定了他继续念书的信心。同时我与他和他的家人达成一致，帮助他制订了一个长期学习生活计划，这样一来就减轻了他本学期的专业课压力，减少了他对学习的抵触。同时，我也安排了一个由班长、小组长组成的私人小组对其进行长期的“传帮带”补习，内容涵盖了文化课、专业课和选修课等。元旦节，我给他发去了祝福短信；在班级的一次班会上，我对全班同学说：“请大家举起手来，一起为一个同学本学期的表现鼓掌，并献上你们最真挚的祝福”。在大家的掌声中，我看到了他眼中含着的泪水。

为了表示对他的重视和关心，我坚持每天给他发一个短信、一周与他交谈一次，一个月邀请他进餐一次或者推荐一本好的书籍。每逢班级活动，我也总是发动他积极参加。慢慢地，我发现他开始逐渐敞开心扉、关心他人。在与他建立起相互信任之后，我就开始着手处理他的学习和网瘾问题。在处理他的网瘾问题上，我本着“一口吃不成胖子”的原则慢慢帮助他改正。从前他几乎每天都去上网，后来减少到周末去玩一两个小时，再后来他只有假期才会去玩。但是我明白，戒除网瘾就像戒除烟瘾一样并不能一帆风顺，所以对于他的“复发”我一直都有心理准备。果然有一天，我去查男生寝室发现他在用别人的账号偷偷玩魔兽世界，当时我没有发火，而是冷冷地盯着他。在我凛冽的目光下，他哭了，说：李老师，我对不起你，你打我吧。我没有因为这件事情而放弃他，相反我反思是不是自己对他的关心还不够，才导致他的内心空虚呢？从那以后，我更频繁地关注他，并且通过种种借口“请”他陪我上自习，“请”他帮助我整理班级材料。经过了很长时间的努力，他的状态逐渐稳定了下来，并且3个月内没有出现上网包宿的情况。从目前看，该生对于网络的依赖和对于他人的戒备、不信任的状况已经有明显的改观，而且对学习学习有了一定的兴趣，不懂的经常问老师，成绩也逐步提高，我鼓励他不要放弃，暂时的落后并不可怕。

二、案例分析

(1) 自制力差，缺乏自主学习能力。该生家教严格，长期处于父亲严厉的监管之下，已经养成了被人看管学习的习惯。

(2) 外界诱惑多，所在寝室学习氛围也不是很浓厚，产生严重的裙带效应。在学校有时出现一个寝室集体通宵打游戏的情况。

(3)缺乏目标，没有找寻并实现梦想的意识。对于未来几乎没有进行过思考。

(4)长期封闭自我，缺乏与周围人的接触交往，对他人存在严重的戒备和不信任。久而久之，陷入自我怀疑和自我矛盾的恶性循环。

(5)意志品质薄弱，在学习上存在“畏难”心理，忍受不了长期枯燥乏味的专业学习。

三、教育方法

(1)与家长保持通畅的联系，了解到很多他的个人情况。我和他家长的联系比较密切。在一些问题上，比如应不应该给他配置手机，一个月为其提供多少生活费，他的父亲都会征求我的意见。而他的一点小小进步我也会在第一时间告知他的家人。一般来说，我平均每两周与他父亲通话一次。

(2)发动学生干部找他谈话、帮助辅导。从同学的角度不定期地进行沟通，鼓励他尽快融入集体。

(3)不定期地找他谈心，与他发短信，在班级群里给他留言，让他时刻感受到我对他的关注。

(4)推荐一些优秀的书籍给他，以转移他对网络的兴趣。同时陶冶其情操，增强其文化积淀。

四、案例反思

导师工作，可说酸甜苦辣样样滋味皆在其中。尽管工作尚不够尽善尽美，但已尽心尽职。我总想，只要每个导师能够以爱心、细心、耐心去面对工作、面对学生，就“没有过不去的关”，导师对他们不仅应有爱心、有细心，更应有耐心。“谁爱孩子，孩子就会爱他，只有用爱才能教育孩子。”导师要善于接近孩子，体贴和关心学生，和他们进行亲密的思想交流，让他们真正感受到老师对他的亲近和“爱”。这是导师顺利开展一切工作的基础。研究学生是教育取得成功的必要条件，最好的途径是通过活动观察。

真情投入，营造温馨和谐的“家庭”班集体，使其成为学生健康成长的一方沃土。我都把我教的班级，看作一个大家庭。无论老师，还是学生，都是这个家庭中的一员，要想家庭兴旺，必须大家努力。为了优化班级管理，营造一个个温馨、和谐的家庭，我费尽了心思。创设优化的管理环境，把学生从受教育者转化成一个自我教育者，突出了学生的中心地位，让学生做班级的主人。学生对导师有着一种特殊的信任和依赖情感。合心合力创建一个文明守纪、团结互助、勤学上进，有强大凝聚力的班集体。

走进学生的生活　聆听学生的心声

张兰贵

中职学生确实存在着诸多不足：政治观念上有些模糊，价值观念上有些偏向；文化基础参差不齐，学习目的不明确；学生行为上缺少自我约束力，生活上自理能力差；面对激烈的市场竞争，对自己未来发展没有足够的信心。可是，只要我们导师走进学生的生活，全面深入了解和掌握每个学生的思想、学习、生活、特长、兴趣等情况，聆听学生的心声，引导学生树立科学世界观，调适心理品质，端正学习态度，重视职业技能的训练和实践环节的锻炼，就一定可以让他们健康成长，成为社会有用之人。当然，我们导师在工作中就必须付出艰辛的劳动。

第一，要走进学生的学习，聆听学生的呼声。许多导师非常苦恼学生上课不听讲，可在上课的时候却发现许多学生在下面看一些课外书籍。原来我们的学生并不是不喜欢读书，只是讨厌上一些枯燥的理论课。于是我们导师就深入学生，调查他们所喜欢的书目，结合学校的实际情况选定一本合适他们的书，并和同学们一起来读这些书籍，写读书笔记，谈读书感受。当导师召集学生宣布这件事情的时候，学生们欢呼起来，因为学生们想知道老师是怎样去看书，怎样写笔记的，与老师近距离接触的感觉如何，更重要的是能够阅读自己想看的书。读书中导师们和他们的学生们一起探讨读书中的问题和疑惑，交流读书的体会，畅谈自己的读书收获，并慢慢引导他们对文化基础知识和专业理论知识的学习。这样一来就慢慢地激发了学生的读书的兴趣，开拓了学生的视野，拓宽了学生的思路，丰富了学生的知识。其实，再调皮的学生也有对知识的渴求，他们也会静下心来，走进书中的黄金屋，体会一些生活的真谛！

第二，要走进学生的食堂，体验学生的生活。我们学校的食堂无论是从规模、环境，还是从饭菜的质量、服务的态度，都是宜昌地区一流的，可我们不少学生还是在校外订餐，这样不仅影响了学校的环境卫生，而且学生的食品卫生安全也没有保障。我们许多导师就走进学校食堂和学生们一道共进午餐。导师们和学生们坐在一起，吃着同样的饭菜，虽然饭菜很简单，但是吃饭时的气氛很活跃，到处欢声笑语，其乐融融。同时进一步了解学生的日常生活，教育学生注意饮食卫生，增加营养，提高学生的健康意识。这样，学生的生活习惯有所改进，也拉近了与学生间的距离。

第三，要走进学生的活动，释放他们的正能量。大多中职生尤其是“调皮”的学生都不愿参加学校组织的一些有益的活动，可是他们身上的能量无处释放，那么，作为导师应如何引导这些学生释放他们的能量呢？我所导的 8 名学生中有 3 名就是这样的，我的做法是有步骤地走进他们的活动，让他们把能量释放到正能量上来。第一步，利用他们好为人师的特点，就在早操、课间操的时候请教他们指导我做新广播体操，开始他们还极为懒散，可我学得认真，慢慢地，他们动作越来越标准。全班的同学在我们的带动下，改变了以往“伙夫下操”的局面。第二步，利用年轻人争强好胜的特点，就叫他们组织人员(把我也算在内)和兄弟班的同学进行拔河比赛，刚好我所导的几个学生人强力壮，在一场场的胜利中，极大地激发了他们参加活动的兴趣。第三步，结合阳光体育运动系列活动，学校开展了丰富多彩的第二课堂活动，比如：拔河、羽毛球、毽球、乒乓球、排球等比赛活动，征文、演讲、书法、音乐、舞蹈等文艺活动，计算机、电子、钳工、车工、服装、礼仪等技能大赛活动。于是，我就组织这些学生积极踊跃报名，并且，我们相互约定：只要同学们参加的活动，我会选择参加，同学们会的，他们就是我的“师傅”，我会的，我就是他们的“师傅”。我们互为“师徒”，一起努力，一起呐喊，失败时相互安慰，胜利时欢呼雀跃。在和学生们活动中我看到了他们的另一面，他们的天真、快乐、执著感染了我。和同学们一起参加体育活动，不仅锻炼了身体，同时也增强了导师和学生的凝聚力，更主要的是让他们无处释放的能量都释放到有益的活动中去了，从而，从根本上改变了班风。从那之后，每当学校举行什么活动的时候，我所导的学生们总是那么的积极，而且都会把我算在内，因为这时他们感觉我是集体中不可缺少的一部分，甚至有的时候学生们会亲切地叫我一声“徒弟大哥”，从原来的师生变成了亲人！这种感觉确实很温馨！

第四，要走进学生家里，倾听学生鲜为人知的经历。学生最怕老师家访，因为大多老师跟家长汇报的就是学生的不足，可导师却不是这样，导师家访，主要是为了更深入、更全面、更真实地了解学生，以便帮助学生健康成长。不可否认，学生身上许多不良习惯的养成与他的家庭教育有着密切的关系，要想让学生健康成长，我们导师就必须走进学生家里，与学生及家长坐下来共同谈一次话，认真倾听每个学生不同的家庭成长背景，倾听学生在成长过程中发生的那些鲜为人知的故事，然后以肯定学生的成绩为主，大力表扬其在学校的优异表现，委婉地指出他们的不足，并提出殷切的期望。经过导师与学生、家长心与心、心连心地交流、沟通，在学生今后努力的方向上达成共识，并共同探讨教育孩子的最好的突破口、最好的方法和策略，这样，导师引导学生健康成长就会事半功倍。

第五，要走进学生寝室，关注学生的生活习惯。今天的孩子大多是独生子女，都是父母的心肝宝贝，在家里的生活备受父母的关爱，有好多学生从未做过家务劳动，到学校住宿也可能是第一次，每次清洁大扫除进行寝室内务整理时，也并不是学生偷懒、不愿做，实际上是他们不会做，所以，导师们利用周五清洁大扫除的时间深入学生寝室和学生一起进行内务整理，比如：被子、毛巾、鞋子的叠放，门窗、墙壁、卫生间的打扫，寝室文化建设等，导师们身先士卒，亲身示范，并手把手教他们，学生们在导师的带动下一个个干劲十足，把寝室收拾得面目一新。通过这样的活动，不仅拉近了师生之间的关系，而且培养了学生的良好生活习惯。

走进学生的生活，聆听学生的心声，不仅仅就是上文所述的五个方面，还包括学生生活的方方面面。比如可以以朋友的身份短信的方式共同探讨对生活的感悟；可以以陌生人的身份上网聊天的方式，走进学生的心灵，了解学生内心的迷茫、孤独或喜悦；可以以互换角色同演一台戏的方式，从对方的角度换位思考来了解对方的想法和需求……总之，方法多种多样，手段也层出不穷，只要我们的导师有一颗强大的责任心，用我们的爱心、耐心、细心走进学生生活，聆听学生的心声，那么我们的学生一定会在职教这片天地里茁壮成长。

引源头活水，灌职教新苗

刘春平

实施“学生成长导师制”在当阳市职教中心是一个伟大的创举，它充分调动了全体教职工自觉主动管理学生的积极性，真正实现了全员育人的目标。然而，要当一个好导师，并非易事，必须付出艰辛，克服巨大困难，无私地为每个学生服务。下面与大家分享一下初为导师的一些体会：

一、爱学校爱自己

要想当一个中职生的好导师，就得首先热爱我们自己的学校，时刻“以校为荣，以育人为乐”。多年来，我们时刻面对着各种看不起的眼神，耐着性子听着来自各方的刺耳话语，毫无怨言地履行着我们的职责。酷夏，我们拎着自家的茶水，背着大堆招生资料，骑着破旧的摩托车，顶着烈日，每天行程几百公里，满头大汗地走进千家万户，一个又一个地动员初中学生来我们学校上学。踏穿鞋底磨破嘴唇，好不容易才把全市不好教的孩子劝进学校，我们就必须无怨无悔地克服常人难以克服的重重困难，做普高教师不想做也不会做的“先育人后教书”的差事，我们没叫过一声苦，说过一声累，而是心甘情愿、默默无闻地走着世上最难走的职教路，科学地教育着当阳市中考失利的孩子。

报名时他们说：“父母叫我来的！”军训后他们说：“我想回家！”一个月后他们说：“老师好！”两个月后他们说：“我想学！”半年后他们说：“我能学！”一年后

他们说："我会学！"两年后他们说："我学会了！"两年一个月后他们说："我挣钱了！"三年后他们说："我成人了！"四年后他们说："我学有所用了！"十年后他们说："我成功了！"20年后他们说："母校、老师，我们回来感恩了！（1992级学生赵华胜2012年向学校捐资助学10万元）"这就是我们职教人对学生无私的爱产生的巨大力量！所以说，当阳市职教中心的每个教职工都在尽力以自己的方式默默地爱着学校！我们为当阳市的经济腾飞和社会的稳定敬业奉献！

二、爱学生爱教育

做个好导师，爱学校爱自己是爱学生的前提，爱学生才是爱的根本。只有真心爱每个中职生，才会乐意为每个孩子服务，我们才能成为他们最贴心的朋友，他们才会真心和我们交心谈心，才会按你指引的方向前进，才能达到你的育人目标——孩子们健康快乐成长成才！我的做法是：

(1)建档。第一次导师制活动，就是召集所负责的8个学生开会，让他们填写好学生科编制的4类表格，并装订成册，一人一个档案袋。

(2)谈心。第二次"导师制"活动就是集体谈心。每人写出优点、找出问题，导师点评，大家互评。随后就是根据不同的具体情况个别谈心。如2012级机电(7)班罗某某故意在朱老师课堂上大声喧哗，并顶撞朱老师，使朱老师无法上课，班主任找他谈话效果不明显，告诉我这一情况。第二天早饭后，我把他找到学生科谈心，指出他行为的错误，以及对自己班级、对朱老师的伤害，并找来朱老师一起面谈，然后鼓励他主动去办公室找朱老师赔礼道歉；他看见朱老师正在痛苦地打针(自我注射胰岛素)，得知朱老师身患重病还一直坚持给他们上课，他非常懊悔。从此，朱老师上课时，他不但遵守纪律认真听讲，还主动帮老师维持课堂秩序。

(3)家访。我采用了书信家访法。就是每月让学生写小结，把8个学生召集到办公室，给大家读自己的小结，我点评后，学生互评。然后我在小结后写上评语，要学生半月假时带回家长看，连同学生导师制的个人档案袋一起带给家长看，了解我和学生互动的全过程，并在家长联系表上写出家长应做的事情，应写的内容等；让家长明白我工作的目的、内容。学生把档案袋交回到我手中后，我便及时与家长电话核实。

(4)有法。科学的教育方法才能收到最佳育人效果。当张浩老师告诉我小熊旷课翻墙到外吃喝的事件后，我把他叫到办公室。没有批评他一句，只是帮他分析了这件事所暗藏的危险，告诉他旷课外出只是他所犯的错误，并不是我要找他说的重点，重点是这件事可能会给自己、父母带来巨大伤害：①旷课了，自己丢掉了一节课知识，难以补上，可能给今后的学习加大难度；②翻院墙损坏公物要赔，损失的是父母血汗钱，也就是他自己的钱，如果运气不好，可能会造成自己伤残；③外出随时可能发生预想不到的意外；④众人聚餐喝酒伤身，还有可能出现预想不到的意外；⑤他出事了父母必须来校处理，有可能又急又气半途中发生意外。通过帮助他分析后果，他终于明白了这看似不大的违纪却可能给自己和父母造成巨大伤害。他表示以后绝不再违纪，要让父母和老师放心，做一个遵规守纪的学生。

(5)学习。我每天在网上查看“职教先锋群”上专家的论述、文章，发现“广东南雅中学一新生的发言稿”里有一篇文章很好，小王回顾她成长过程中父母的教子方法，我感到很值得我们学生及家长借鉴，便下载后打印出来，组织这 8 名同学到我办公室，每人认真读一遍后谈体会，并在放半月假时带回家让家长也认真读，在家长联系表上写上家长读这封信的目的、要求，8 位家长和学生都写了很感人的读后感，我把这封发言稿作为珍品收藏，常读不倦！

作为职教人，我们肩负着当阳高中阶段近三分之一的而且是养成习惯较差的孩子的教育重任，必须全力以赴尽职尽责；作为这些迫切需要最贴心最有效的教育的孩子的导师，我们有信心，有决心，有爱心，有耐心，与家长携手，陪伴这些孩子一步步走向属于他们的未来！

浅谈导师工作的“五步曲”

李万斌

在中职学校，导师工作是最基层、最特殊的管理工作，也是学校最重要的管理岗位。导师工作完成得好坏，直接关系到学校校风、学风的好坏。而要当好导师必须要细心观察，了解学生；诚心诚意，关爱学生；耐心说服，教育学生；专心研究，管理学生；持之以恒，对待学生。下面就以上方面谈些个人的看法：

一、细心观察，了解学生

学生管理的基础就是导师需细心观察、充分了解自己受导的每个学生，掌握第一手材料，为教育每个学生做好充分准备。新接受的几个受导学生，都是一年级新生，从不同中学来到中职学校，要想实现学生管理中对症下药，因材施教，就必须在最短时间内全方位地了解每个学生的学习状况、生活习惯，兴趣爱好、个性特征，思想品质、行为习惯等。要达到这一目的，最好的方法就是利用时机，个别谈话、实地家访，了解每个学生家庭生活，准确把握每个学生的思想脉搏，做到班级管理、教育学生有的放矢，把问题消灭在萌芽之中。此项工作在担任新生导师的第一个月内完成。接受任务第一周召开受导学生见面会，师生相互自我介绍、认识，指导学生填写《导师工作手册》中学生基本信息，了解学生基本情况；第二周与受导学生个别交心谈心，相互了解，确定学生填写的基本信息的真实度，了解学生兴趣爱好、家庭状况等，把握学生思想动态；第三周家访，与家长、初三班主任面谈或电话、微信交流，弄清学生学习状况、生活和行为习惯、个性特征；第四周根据前期调研分析为每个学生制定可行的受导计划，因人施策，对症施导，并在实施中适时调整。

二、诚心诚意，关爱学生

学生管理的关键就是导师需做到诚心诚意地公平对待每个受导学生，时时处处关爱每个学生，用自己诚挚的爱去感化、打动每个学生，尤其是哪些问题生、留守生、单亲生。只有这样，才能培养师生感情，增进师生间信任度，导师才会得到受导学生的尊重，在工作中得到学生的大力支持和配合，管理工作才会得心应手，师生才会和谐相处、朋友相称。在对症实施每个学生受导计划之初，师生相互了解程度不够，学生对导师的信任度不高，戒备心理很强，导师需通过两个月的努力，实现师生同读一本书，同解一道题，同吃一顿饭，同打一次球，同给家长一封信，同与父母一次视频，用一周五送学生回家，每周三共同整理寝室、规划寝室文化等爱心策略，从学生学习、生活上全方位，全身心地关爱每个学生，尽快走进学生心理，打消学生疑虑，获得学生信任。

三、耐心说服，教育学生

学生管理的中心工作就是导师需耐心仔细地做好每个受导学生的思想工作，说服每个在初中就失去学习信心而成绩不佳进入中职的学生，重新树立学习信心，提高学习兴趣，激励他们奋发向上，开发他们的非智力因素，教育每个学生严格要求自己，养成良好的日常行为规范，掌握过硬的专业技能，培养他们良好的道德品质和综合素养。因中职生综合素质相对较低，这个年龄阶段又生理发育最旺盛、心理发育不稳定、思想波动大、言行情绪化，逆反心理强、心情浮躁、易冲动，做事不计后果，以自我为中心，诚信度不高，戒备心强，尤其是刚进校的新生从不同学校聚到一起，在这些方面表现得更加突出。所以，要在最短时间让他们相识相容、团结互助，导师工作就要耐心仔细，采取交心谈心、说服教育，切忌简单粗暴，处事不公，承诺不算数，对学生的不良行为视而不见，听之任之。

要有计划、有内容、有方式、有方法地开展学生管理工作，多从学生生理、心理发育的变化规律中找到学生德育良法，遇事要深入调查、冷静沉着应对，慎重处理好学生中发生的每件事，无论谁是谁非、事大事小都要认真对待，耐心说服、教育双方，公平处理，才能得到学生信任，才能育人有效、育人有果。如受导学生打架导致双方都有轻度皮外伤，我迅速送他们到医院治疗，并垫付医药费，没发表任何观点，回到学校后先请他们两人分别详细书写从发生矛盾直至升华为打架事件的全过程、真实的前因后果，书写经过的时间里他们逐渐冷静下来，写出发生冲突的因果后就慢慢明白了自己和对方的问题。这时我才帮助他们进一步分析各自的对错之处，并强化心理疏导，讲明“伤害别人就是伤害自己”的道理，让他们真心诚意地相互认错，握手和好；然后再请来双方家长，根据各自错误大小，受伤程度，共同商定后续治疗方案和医疗费用处理办法，圆满解决此事。

四、专心研究，管理学生

学生管理的重点就是导师需经常静下心来，认真分析受导学生中问题存在或难以解决的重要根源。因为万事万物的存在都是有因有果的，要想使事物都能有好的结果，管理者就必须弄清事物存在的根本原因，因事施策，才能探讨出适合每个受导学生的科学管理、教育方法，才能正确对待每个学生的言行，公平公正有效地处理好学生的每件事。管理才能良性发展，学生才会服从管理，一个优秀的受导团队才能形成。如受导学生小王，热心公益活动，责任心、管理能力强，入校不久就被选为团委委员，经过一段时间观察，发现他经常上课时间在团委办公室统计检查结果，书写活动方案等；我立即找团委教师了解，得知安排他的工作应在课余完成，便要求他按时上课，课余完成团委工作任务；可一周后又发现他没上课，才与他促膝谈心查找原因，弄清他的奋斗目标是读完中职毕业就去当兵，喜欢当干部为师生服务，厌倦上文化课，只要课表上是文化课他就到团委做事，并跟团委老师说是体育课或自习课。于是，我潜心研究了文化课对提高工作效率，增强管理、社交能力，挖掘自身潜能，提升语言、运算技巧和专业技能等方面的重要作用之后，从这些方面科学施导。如安排他写团委工作一月小结，然后请他谈写作心得，肯定他小结中哪些真实反映了他的工作，把哪些成绩和问题没总结上来，与他共同分析写小结所需要的文化课知识，让他真正明白合格的中职生文化课和专业课须平衡发展，当一名优秀学生干部、优秀士兵更需要文化课的知识根基。从此他坚持上好每节文化课，毕业时以文技双优，体壮能强招入特种兵。

五、持之以恒，对待学生

学生管理的难点就在于导师工作要有恒心，要做到持之以恒地公平对待每个受导学生，尤其是那些很难管理的问题学生，要下功夫、花时间、耗精力、伤脑筋。导师有单位、也有家庭，需要工作，也需要生活，要想处理好学校与家庭、工作和生活的关系，把主要精力放在学生管理和教学上，需要克服重重困难，正确、有效地处理好工作、家庭、生活中的不少矛盾，就必须具有坚强的意志、坚忍不拔的毅力、不畏艰难的信心、踏实工作的作风、不带情绪化的工作态度，始终保持冷静、清醒的头脑，才能慎重对待每个学生的每个问题，尽心尽责完成学生管理工作，才能培养出优秀的学生，才能使受导的每个学生养成良好的学习、生活习惯，不断进步。

总之，中职学校学生成长导师在受导中实施以上“五部曲”，师生就能迅速成为好友，受导学生就会快乐学习，健康成长，技能成才。

有一种“残缺”叫“完美”

艾廷炎

2012 级机电 7 班是让我“痛并快乐”的一个班。班上 38 名学生中有属于各方面都算得上优秀的，也有多方面相对差劲的，有被评为学校优秀表彰的，也有被学校处分的。但一年来他们的成长、成熟、进步让我欣慰，现在回味也是一种享受。

一、有一种技巧叫“搭台”

带班第一天，我发现：班上 38 名同学，清一色的男生，多数是好动分子。为便于开展工作，我先任命了一名班干部——班长，他叫小东，是上一任班主任推举的一个各方面称得上优秀的学生，也是原一年级班长。我宣布：“一个月内组建新的班委会，这一段时间内同学们好好表现，每个人都可能成为班干。”

一个星期内，我发现：班级同学课堂上活跃，课外更活跃，有一大帮学生爱打篮球，有少部分学生爱上课学习，还有好几个学生老迟到。带班半个月后，班上插进一朵“鲜花”(暑假实习回来的女生)。三个星期后，我试探性地提出了三个班干的推选条件：一是团支书，“最好是有亲和力的、同时兼任文艺委员、且能组织同学们办班级黑板报的”，同学们很快把意向投向了班上的“一朵花”。二是体育委员，因为每天要上操，需要他既能做好表率也能管理好同学们。三是生活委员，因为每过两三天要搬桶装水同学们饮用，还要负责同学们每天搞好清洁卫生。一开始，同学们都跃跃欲试，但我让同学们轮转一周后，同学们认为太“不过瘾了”。我却意外发现有这样两个合适角色：他在篮球场上算是一员猛将，高挑的个子，灵活的运球技术，可以看出他具备了一定的功底，在球场上有绝对的影响力，同学们叫他“杨大”。在每周一节的篮球选修课上，他纵横驰骋，和班上打篮球的一帮子队员打得非常火热，给我留下了深刻的印象。于是，我让他担任体育委员。另一个乐于为同学们服务，且组织能力强，学习成绩也属上等，人称“英杰”，所以我让他担任生活委员。一个月的跟班中我发现：在实训课中总有几个打篮球的同学时不时缺课，几次都是我在寻找中发现他们夹杂在别班体育课中参与打篮球，几经批评后他们只能好一阵子。我盘算着让体育委员小杨代替我做做他们的工作，同时我又观察到：小杨虽是我刚任命的班干，办事认真，但话语不多，我怕他“制服”不了那几个“动乱分子”。不料，第一个月班上推荐“文明之星”上报学校表彰时，同学们把赞成票投给了他。于是我悄悄地让他担任了我的“说客”，半个月后也悄然发生了变化。之后，我坚持每周到球场看他们打几场篮球，以示对他们的支持，他们也报之以更玩命地训练；感恩回报，守纪了许多。班上第一次办黑板报，我叫团支部放手让同学们表现，体育委员小杨邀了一名打篮球的同学小许，还有一名老师们说的“问题学生”小伊等参与其中，团支书“一朵花”作整体筹划，“问题生”负责绘画和艺术加工，体育委员小杨负责文字书写，我只在旁边提点建议。结果，办出的板报令我眼前一亮。特别是小伊同学，办报非常投入，创作的插画很具艺术品位。我大力地赞赏了他们，还把他们带到其他班进行比较，让他们确信“我们真的比别班办得好”。以后的每次办黑板报，他们几个都成了不可缺少的人物，而且越办越好。一个月后，我组建了比较有凝聚力的班委会，工作开展得比较顺利了。

期中考试后，机电部决定开展一届羽毛球赛，我班上的四名同学报了名，其中三名学生是班干部：英杰、小杨、春雨，还有一个是班上的“老迟到”。我因为喜欢打羽毛球，每天利用一点时间陪他们练球，一段时间后，他们的水平竟上了一个等次，还带动了一批同学，连仅有的几个不爱运动的飞月、小涛等也参与其中。比赛开始后，经过多轮淘汰，我班上的三名同学一路杀入决赛，最后在决赛场上，一举夺得年级第一名的好成绩，让班上的同学为之振奋。班上同学好动、闲不住、爱打闹，我在班上禁止多次，总不奏效。于是，我为班上购置了两副象棋，把他们充沛的精力吸引到这一正当兴趣上来，几周之后，班上一批同学都迷上象棋，我也选择时机和他们下上两局，拉近与他们的关系，一段时间后，他们的象棋水平大有提高，其中一个顽皮的“闷头”还主动要求与老师过招，赢得了同学们的刮目相看。半年后，在我的撮合下，让我班学生篮球队与教师队举行了一场友谊赛，逼平了教师队，让他们尝到了成功的喜悦。

二、有一种心距叫“贴近”

期中考试后，我利用放半月假的时间进行了一次家访。走访的第一名学生叫小吕，住在乡下，距城区较远，放半月假时，我用摩托车送他回家，经过一段山路来到他家。原来他家正在建造两层楼房，看样子是举债建房。走访后才知道，他家是组合家庭，他下面还有个读初中的小妹，是他后母所生，他爸前年骑摩托车伤了腿，现在只能在家做些稍轻的农活和家务，靠他的母亲在附近工厂打工维持家用。但他爸表态说，只要小吕肯读书，借钱也要供他上学。我听了很感动，好在小吕还是个很懂事的孩子，从不乱花钱，学习也很努力，期中考试在班上是第七名。我激励他技能立身，读大学，争做工匠人才。之后，我坚持每两周跟他家通一次电话。一名是城区的小杨，他虽然是班干、看起来很阳光，但家访后，我才知道他的不幸。原来他早在读小学时父母就离异，他随父亲，跟爷爷奶奶生活。好在爷爷奶奶条件较好，家教也算可以，所以他过得还不算悲观。但父母给他的爱总是残缺的。同时我也想起了另一件有伤他自尊的事：那是开学后不到一个月的一个晚自习，他上厕所后迟到了好大一会儿，踏进教室时我毫不留情地狠批了他，他低头无语。最后我甩下一句“我这是爱之深、恨之切，你好好想一想吧！”那次以后他再也没有被批评过，而是被表扬的次数越来越多。我走访的另一名同学是“问题生”小伊，他奶奶介绍说：他小时候还是很优秀的，到初中就越来越差了。当我谈及小伊为班上办刊很积极时，他奶奶忙进屋翻出了他小学时获奖的证书给我看，我惊奇地看到那份奖励证书居然还是全国少年书画比赛大赛。我鼓励小伊在这条路上继续发展时，他却不以为意，显得毫无兴趣。我马上意识到：他缺失父母之爱，这可能是他永远的痛。现在既然在我的受导之下，我就要多给他爱。之后，我总是过几天找他谈谈心，让他心中多一丝阳光、多一分温暖。鼓励他重点学好美术、动漫设计制作，以便读大学技能成才。元旦前我参加校教师长跑时，我听见他在一旁大喊：“老班，加油！老班，加油!”我感觉，这是心的距离在贴近……

三、有一种能量叫“包容”

自从家访之后，我注重观察学生的各种表现，并随时找机会与学生“聊天”，对他们及时疏导，这样学生也对我产生亲近感。当我接触学生次数越来越多，谈话无拘无束时，学生也就把心里的话吐露给我。原来他们也非常希望交流，渴求得到关爱，期望被人理解，他们的内心虽有缺憾，但却是丰富的。我记得带班到第二个月末时，大概是我有所放松的缘故，一次课外活动，我无意识地转到教室里时，看见一堆同学围在一张课桌边，另外一名叫常某的高个子男生在讲台上画什么，当我意识到学生可能是在打牌时，讲台上的常某就赶忙压低声喊道：“老班来了，老班来了。”见那堆同学还是没动静，忙大喊一声：“艾廷炎来了!”顿时，那堆同学鸟惊状散开，同时惊恐地看看我，又看看常某，我一脸的怒气强压胸口，不知冲哪里发火。常某立马冲出教室门，跑下楼去。我半晌没回过神来，呆站一会，收缴学生的扑克牌，闷声不响地回到了办公室。过了一天，我才找到常某，只问他：“你当时那样喊我的名字是出于什么想法?”他支吾了好一会儿，低下了头等着挨批。我顺水下坡道：“我知道你不是有意要喊我的名字，是想提醒打牌的同学。我买两副象棋放到班上，他们会不会再不打牌了?”他抬起头看着我，似有所思，忙说：“老师，我错了。我保证他们不会打牌了，会来下象棋。”我问：“为什么?”他赶忙说：“我喜欢下象棋，他们蛮多人喜欢下象棋。”第二天班上多了两副象棋，没有了打牌的人，改成了一批下象棋的同学。

班上还有两个老喜欢恶作剧的同学，常闹得班上乱哄哄的，但他们俩喜欢听歌，时不时地哼唱几句。有一个同学还带着一把口琴在教室里乱吹，有时上课也冷不丁响一声，科任老师告到我那儿。我把他们找来谈话，问他们：“你们喜欢听歌，会不会一门乐器?”他们说：“不会。”我问：“你们想不想学口琴?”他们说：

“想学。就是不知道谁能教我们。”我说：“如果你们不怕我的水平低，可以跟我慢慢学几招。”他们俩顿时两眼放光，忙说：“我们愿意跟着您学。”自那以后，我的办公室里每天中午多了两个学口琴的徒弟，班上的秩序也悄悄发生了变化，因为那个常某是个能量大的同学。自此，班上的同学受批评的次数越来越少，换作安慰、鼓励、督促的次数越来越多，他们的进步也越来越明显。期末时就连问题多的小伊和一个准备中途退学的“大个子”在校技能节上也奇迹般地获得了二等奖。问题总是在花样翻新地出现，但程度在不断减少。

这一年，我既当班主任又当学生成长导师，融合刚性、柔性管理方法，引领这帮孩子走正道，学技能，学做人；班上学生也过得很愉快。这一年，班上发生过一次打架事件，仅最后一个月被评为“文明班级”，但我也知足了，因为他们在成长、在成熟。不是说断了臂的维拉斯也是一种美吗？我坚信：学生身上缺点错误在所难免，但他们身上发光的东西很多，只要我们善于给他们“搭台”，经常“贴近”他们，“包容”他们的幼稚，锲而不舍地去滋润他们，他们一定会给我们连续的惊喜！

牵着孩子的手，慢慢走

陈小贝

苏联当代著名教育家苏霍姆林斯基也说：“教师不仅是自己学科的教员，而且是学生的教育者、生活的导师和道德的引路人，是青年思想的主宰者。”这实际上对教师提出了更高的要求。教师不是传统意义中的“传道授业解惑”之人，更要做好学生健康成长的指导者和引路人。如何才能深入了解学生，及时掌握学生思想和生活的情况，真正成为他们的导师呢？作为一名高三学生的导师，我认为要做好以下三个方面：

一、善于发现，做个“细心”的老师

俗话说：“人无完人，金无足赤。”每个人都有自己的优点和缺点。特别是中职的孩子，在老师眼中，他们的身上缺点足以让人忽略其优点。此时就需要我们留意每一个细节，善于思考，善于总结，善于发现，发现学生身上的闪光点，哪怕是微弱的一点，我们也应该千方百计地将其发扬光大，帮助他们树立信心，用赞美、欣赏、鼓励扬起他们人生的风帆。

小浩是个男孩子，各科成绩都很差，自卑心特别强。在一二年级的时候根本就不听讲，对英语和数学没有任何基础，由于基础差，每次考试都是班上的后几名。他觉得很对不起自己的父母，压力很大。母亲喜欢责备他，对孩子不能正确引导。孩子学习习惯不好，喜欢晚上学习到 11 点，导致白天上课效率不高，天天低着头，有些颓废。但他的篮球打得很不错，是学校篮球队的主力，经常参加各种比赛，并能取得好成绩。我从高二就开始带这个学生，他对我相当尊敬，当听说把我安排为他的导师后，他很开心，因此对我的计算机课有一种莫名的执著，计算机成绩一直是班上的前几名。我从他的优点入手，帮他借阅各种篮球明星的书籍，让他对他们的生活和价值观有所了解；明白学习成绩不能代表一切，一个的爱好也能成就他的未来；每次比赛我都准时带领我们班的一群学生充当啦啦队，为他加油呐喊，为他送上毛巾和热水，让他感受到老师和同学们对他的关心；每次计算机考试后都大力表扬他……虽然到最后他的各科成绩依旧没有赶上来，但他的精神面貌发生了很大的变化，再也不弓着背，人也变得阳光开朗多了。高考中计算机成绩得了满分。冰心曾经说过："世界上没有一朵鲜花不美丽，也没有一个学生不可爱。"的确，只要你善于发现，并因人而异地采取恰当的教育方式，每一个学生都是可爱的。花开很美，等待花开的过程更美。

二、尊重学生，做一个"爱心"的老师

老师对学生的爱心应该是发自内心地对学生关心、爱护、尊重、信任、期望、赏识以及尽责，应该既有长辈的关爱，又有朋友的陪伴。具体地说，教育学生时做老师，关心学生时做父母，参加活动时做朋友，用一颗火热的心灵建立起相互信任的师生关系，达到情感、思想的交流。即使学生违反了纪律，也要动之以情，晓之以理，更要让学生明白：老师是关心他、爱护他的，是为他着想才如此严格要求……这样，学生才会在"严师"面前也不产生逆反心理或抵触情绪，才能使"良药"不苦口，"忠言"不逆耳。

对学生的这种爱的表达既要无微不至，又应不由自主：天气变化时提醒学生加减衣服；学生生日，笑眯眯地送上一张贺卡；作业完成不好，考试成绩不理想，又或是遇到了失败、不如意等，一张小字条或一条问候短信；上课注意力不集中时，一个提醒的眼神，或一个细微的举动；这些源源不断的关爱犹如一缕暖流，滋润着学生的心田。渐渐地，不善于表达的同学也会在作业本里给我留小字条，吐露他们的心声。师生距离也在不知不觉中拉近了许多！有一个学生小梅曾

很动情地对我说：“陈老师，你就像我的姐姐!”只有洒下爱之甘霖，才可获取爱之回报。每一句关怀、一声问候，对我们而言是微不足道的；但对学生可能意味着一片阳光、一缕春风；意味着鼓励、赞赏，意味着爱。

三、坚持不懈，做“耐心”的老师

教育不是一朝一夕的事情，一个人的行为不是一下子就能够改善的，我们要给学生机会，给他慢慢改正、逐渐醒悟的时间。而耐心就是教育教学成功的保障。有时你遇到的可能是一块“顽石”，面对你的煞费苦心无动于衷，但我们不能泄气，一定要做“涓涓细流”，去打磨这块“顽石”，用善良与温柔的雨露，去滋润学生的心田，使这块“顽石”也成为“鹅卵石”。如果我们都能多一分耐心，多一点关爱的话，奇迹就有可能发生。

小林，单亲家庭，父母在他二年级的时候离婚，从此放纵自己的行为，成绩一落千丈。三年级刚开始时，上课经常迟到，不能约束自己。第一次找他谈话，有抵触情绪，眼睛一直望着别处。在参军体检期间还是放纵自己行为，迟到、早退，针对这个情况，我及时找他谈话：不管在什么地方，都要守规矩。学生有学生的行为规范，军人有军人的行为准则，必须一切行动听指挥。你不能因为要去当兵了就无视校园纪律。那样即使你当了兵也不会成为一个好兵……之后我给他讲了当阳好兵的故事：导弹部队的李小龙、雷锋班的班长黄邦维等，他们严于律己，勤学技能，争当排头兵。他一直低着头，我看不清他的表情；但从那之后他上课很少迟到，虽然依旧很少听讲，我知道他听进去了一部分。第二次体检的时候，检查出眼睛有问题，武装部要求他去做一个手术，他没去，至此当兵梦破灭。他着实消沉了好一段时间，但从来没有违反过班级的纪律，我知道我已经成功了一小步了！父母经常给他打电话来，但相互抨击且想争取他到各自家庭去，所以他的情绪很不稳定。一次生日的时候，他父亲打电话来了解他的情况，我就此问题与父亲交流了看法，得到了父亲的支持。借此机会，我喊了几个和他要好的朋友一起吃饭，让他感受到父母、老师、同学其实都很关心他，他并不孤单。小林和我的关系从此产生了微妙的变化，对于我的问候时常笑容满面，还主动和我打招呼。经过一年的接触，他变得开朗活泼，也变得爱学习。在后段的复习过程中，他对我说：老师，要是我早点醒就好了，我现在每天晚上都复习到12点多，感觉时间不够用！高考前的一天晚上，他母亲亲自到校找到我：孩子能有今天的精神面貌，全靠老师您的耐心教导，如果没有您，我真的不敢想象他会变成什么样子……

在学生成长导师这条路上，我才刚刚起步，很多方面都很不成熟，还需要不断学习、思考、积累。但我相信，只要做到细心、爱心、耐心，相信在我们的帮助下，这些孩子一定能健康成长，会渐渐成长为让学生认可的好老师。

浅谈实习生导师的“五期五导”效力

卢　萍

实习生导师在校企合作、产教融合中充分发挥了衔接纽带、指导和服务作用，承担着批量实习生在跟岗、顶岗实习中的全程指导和服务重任。实习生导师分专兼职两类：兼职导师在校承担一定教学任务，一般由2~3人担任一个市内实习单位20~50名实习生的导师，实行每日值日导师制；专职导师在校无教学任务，一般1人担任50~100名市外实习生的全程导师，与实习生同吃住。下面主要介绍专职导师在校企合作、产教融合企业里指导学生顶岗实习的五个重要环节中所发挥的巨大效力。

中职生在顶岗实习过程的心理动态大致分渴望期、兴奋期、波动期、适应(淘汰)期、稳定期五个阶段，导师要据此分别给予正确的心理疏导、安全督导、情绪引导、人文宣导、人生向导，促进实习生健康成长，顺利完成实习，留企就业。

一、渴望期，重视心理疏导

实习前，学生修完专业课程，取得相应职业资格证，具备专业顶岗实习所需知识和技能，如羽翼渐丰的小鸟振翅欲飞。对顶岗实习生活充满了美好想象，憧憬着实习的种种乐趣。

这时导师必须通过学校组织的实习前培训、家长会等活动加强对实习生的心理疏导，让每个学生做好充分的实习知识、技能、心理和物质准备，有效实施校、企、生、家的衔接。

通过事前培训，强化心理辅导，指导实习生做好预知训练，掌握实习知识、技能和注意事项，提升预知能力，缓和实习前对未知工作产生的紧张和局促感，达到心理自我调剂作用，快速进入实习心态。

通过找原班主任、导师交流，查验《学生实习手册》基本信息内容填写是否完整，介绍实习企业文化及规章制度、岗位特点、安全生产规程、注意事项，让学生、家长充分了解企业及周边环境，可能遇到的困难及处理办法，家长支持实习工作的要求；指导学生、家长与校、企签订“四方实习协议”“实习安全责任书”“实习安全承诺书”等；注重学生性格特点，心理状态、兴趣爱好、交际能力调查，充分了解每个实习生现状，详细记入《实习导师工作日志》，创建实习生微信群、钉钉群，家长微信群，并公布群聊制度；在群里向学生及其家长告之实习前的准备事项、注意事项，做好咨询服务。快速熟悉每个学生，特别是平时表现较差、有心理障碍、晕车、畏惧实习的重点学生要个别谈心，与家长交流，做好预防和激励工作。

二、兴奋期，抓好安全督导

在入厂的路途中，第一次坐上远离家乡、父母的汽车、火车十分高兴，摆脱了父母约束，欣赏沿途风景，向往即将实习的企业，憧憬美好的实习生活，展望人生理想，一路高歌一路欢喜；入厂第一周，面试、体检，入职、入住，领工牌、房卡、饭卡，上街购物，结识新室友、新员工，等等，都感到新鲜；特别是第一次住宿的实习生更是倍感兴奋、新奇；对企业及周围环境、人和事、规章制度、培训内容都倍感陌生、新鲜；对即将安排的实习车间、岗位、技术都十分期待和向往。

导师此刻要当好安全管理员，重点抓好安全督导工作，细化安全教育与防范的每个环节，全方位周密做好校、企、生、家的衔接。学校与车站、司机的衔接。学生与企业的衔接，把每个关键环节的安全教育与督察到位。

出发前：进行不少于半小时的实习安全培训，落实学生分组，任命正副组长，登记各组学生信息，讲清行程安排及要求。对包车进厂时上、下车，路途停车休息或就餐，每个时段、每个环节的操作流程、要求、注意事项，安全防范办法与应急措施都需提前告之、提醒学生，途中严格要求，管理到位，确保到厂时一个人都不少，一件行李都不差。

到厂指导、岗前培训：与企业人事落实就餐、住宿、面试、体检、入职、作息制度、岗前培训、上网、上街或夜晚外出购物、就寝、起床等各个环节的安排、要求、注意事项，并告之学生，强调纪律及用水、用电、交通安全，强化防火、防盗、防事故意识和措施，引导实习生转变角色，调整心态，服从双重管理；严格查寝、查隐患，杜绝夜不归宿现象；听取学生意见，及时解决学生困难，稳定情绪。

三、波动期，强化情绪引导

学生培训后，踌躇满志来到实习车间，会有一个月不适应时期：看到《员工手册》中安全、消防、请销假等大量制度要严格遵守，才明白管理有情、制度无情，稍有违反轻则惩罚、重则开除；有的岗位稍有闪失就会发生事故，影响生产进度，危及生命安全；车间里陌生的面孔，老工人欺生，陌生的实习流程，连续半天站立或坐着不停地技能操作，手磨破了，脚站肿了……有的学生水土不服、吃不好、睡不好、想家……种种身体、心理的不适应接踵而至；每天寝室、食堂、车间三点一线的连轴循环，同寝不同岗的同学见面也难，下班后感到从未有的枯燥、劳累等。进而备感难受、失望、委屈！是去是留的问题 24 小时困扰着意志脆弱的实习生，让他们心潮汹涌、寝食难安、患得患失。

这时的导师需扮好五种角色：一是家长角色。大到学生的发展，小到起床就寝、吃饭穿衣，事无巨细，都要监护和管理。二是朋友角色。主动接近学生，有空就与学生打球、下棋、逛街、聊天等，做学生朋友，让学生愿把实习中的烦恼、感悟、喜悦向你诉说、分享。三是班主任角色。对实习生用校企双重制度强化日常管理；培养班长、寝室长、联络长帮助管理；详细记载《实习生导师工作日志》，充分了解分析学生实习表现、异动心态，促膝谈心，一周一次实习生、干部例会，一月一次评优表彰等。四是调解员角色。对情绪波动、产生矛盾学生及时心理调适，稳定情绪，化解冲突，学会社交；与厂方沟通，解决学生困难与调岗需求。五是联络员角色。通过微信群发布校、企、家、生各方信息、管理方案，适时与各方衔接、沟通、汇报实习生概况、需求，重大问题书面备案。六是服务员角色。如陪生病学生请假、就医，帮学生购物、缴话费等。

无论扮演何种角色，导师每天都要用微笑、爱心、责任去伴随、温暖、感化、教育、鼓励、包容每个学生，聆听学生心声，公正、坦诚对待每个人、每件事，及时调研问题解决需求，用拥抱滋养学生心田、平复学生焦虑脆弱的内心，让他们真正自信、自立、自强，放松身心投入实习。

四、适应（淘汰）期，加强人文宣导

实习一个月后，极少数学生淘汰换厂，绝大多数学生熟悉了环境、同事，掌握了操作流程，身心健康向上，毅力增强，明白了先苦后甜的道理，有了归属感和认同感，慢慢融入车间这个团体，得到同事的信任、亲近、帮助，坚信能完成实习。

这时的导师要不断强化企业文化和人文宣导，指导学生处理好各方人际关系，学会互爱、互助，包容、理解他人，学会做人做事。时刻欣赏每个学生的闪光点，赞许他们的每点进步，让他们坚信："我能行""别人做得好，我也会做好"等，加强与车间领导、员工的沟通交流，争取他们的配合和支持，让每个学生在导师、师傅、同事的真诚赏识中自信、自豪、快乐成长，看到自身价值，感到车间如家的归属感！

五、稳定期，做好人生向导

学生实习两个月后稳定下来，就会严守作息制度，熟练处理各种人际关系，相互分享辛勤劳动创造价值后的成就感和满足感，闲暇时呼朋引伴出游，放假了回家探望父母、师长、同学，煞有介事地讲述自己的异地见闻。服饰、气质变了，待人接物老练了，世界观、人生观逐步成熟，开始把互敬、互爱、交友看得很重，俨然一副有阅历、有见识的知识工人形象。

这阶段是学生学知识、技能的关键期，也是人际交往的瓶颈期、人生目标确立的十字路口。导师要争取企业、车间领导、师傅的积极配合，时刻在学生中倡导团队精神、工匠精神、道德规范，指导他们开展职业规划，品格塑造、问题讨论、技能展示、师徒畅谈等，让每个学生挖掘潜能，尽情表现自我、欣赏自己、展示才华，享受成功喜悦，明白团队精神、工匠精神、专业素养、社交能力是自我价值实现的坚实基础；进而树立实习计划、就业目标，坚守信念，增强使命感，深钻专业技能，自学岗位急需知识，拓展自己的发展空间，为实现人生目标、价值发奋图强。

附　　录

十载导师制、股股育匠魂

——当阳市职教中心“学生成长导师制”调研手记

张爱群

当阳，古称天子南面向阳而治，又指太阳能晒着的地方。历史上的长坂坡之战，就发生在这里。如今，当阳市职业技术教育中心（以下简称“当职”）的老师们，在立德树人的战场，也演绎出了“长坂雄风”的现代故事——“十年磨一剑，推行导师制”。

2023 年 5 月 20 日，我们组织了一个由高校教授、文化学者组成的调研小组，专程来当职就“学生成长导师制”进行调研。

“520”是时下年轻人都喜欢的日子，因为有“我爱你”的文化寓意，在这个日子调研“导师制”，无形中觉得有某种特殊意义。

2022 年秋，“当职”的林卫兵校长说，他们从 2012 年起就推行“学生成长导师制”，至今已有 10 年。他们的“学生成长导师制的实践与研究”课题，被当阳市教育局评为“德育精品”，获得宜昌市特别奖、湖北省教科研一等奖。“导师制”成为“三全育人”即全员、全过程、全方位育人的有力抓手，导师制推行后，学生的精神面貌焕然一新。技能大赛、技能高考成绩位居全省前列，学生、家长及社会对学校内部管理满意度高，学校美誉度提升，连续两次被评为“宜昌市德育品牌学校”、全国“国防教育特色学校”。《湖北教育》专门刊发了介绍“当职”导师制的长篇报道。

在国内，导师制常见于高校。导师主要是对学生的学业进行指导。当职的导师制与高校很大的不同点在于，导师不仅仅是进行学业辅导，而是进行思想、学业、心理、生活的全方位辅导。一项制度能坚持 10 年，一定有它的独特价值。林校长的介绍引起了我们极大的兴趣，于是我们来学习与调研。

我们观看了学校“导师制”的专题片。查阅了相关资料。分头召开了学校领导班子、教师代表、学生干部座谈会。

一、十年磨一剑，“导师制”是“三全育人”的好抓手

林卫兵校长外出开会，学校领导班子的座谈会由文中成副校长主持。文校长向来校调研的专家表示热烈欢迎。他以《做实学生成长导师制、打好家校整体战》为题，简要介绍了有关导师制的实施情况。

文校长介绍说，在没有实施导师制时候，德育工作主要以班主任为主。实行导师制后，班主任牵头召开本班任课教师的德育探讨会，从行为习惯、学习成绩、家庭情况、心理健康情况等方面的情况进行了解，结合学生意愿，进行双向选择，每名导师选配受导学生 8~12 名。“导师制”是对“班建制”的一种补充。导师重点关心学生生活，及时解决生活困难，疏通化解心理问题，突出“柔性教育”。班主任抓班级教育，重点抓纪律、抓规范、体现“刚性”教育。两种角色，双管齐下，多措并举，协调合育。在导师制条件下，教师人人是导师，学生个个受关爱。“三全育人”即全员、全过程、全方位育人有了落地的抓手。

宋晓俏副校长介绍说，“导师制”从 2012 年开始实施，开始的时候手段单一，老师要填写导师工作手册，费时间。现在把信息化手段加进来，开发了学生成长导师制的“生态系统”，只要有一部手机，导师与学生的谈话、照片就可以同时上传。例如，某老师同时与 4 位学生进行谈话，照片就传到网上。既是一种记载，也是一种证明。减少了教师们填写导师工作手册的时间。学生、家长也可以随时了解情况。

宋校长介绍说，导师制下，师生之间有了一种比较亲近的关系，有的就如同母女、姐妹、兄弟、父子。

学生科科长邓广青给我们演示了学生发展生态系统平台。这种平台是通过互联网“大数据”进行管理。学校数据中心叫“当职大脑”，学生发展生态系统平台叫“合·育”，这个平台可以立体化开展学生综合素质全过程纵向评价、全要素横向评价，构建“互联网+德育”的新媒体育人矩阵。例如，值日教师、班主任、任课教师通过对学生校牌扫码进行量化赋分，学生科、专业部在平台上实时监测、预警，月底对学生的“合·育”积分开展数据分析，分班推选“合·育十星”，对积分不达标的学生开展职业素养能力培训，形成工作闭环。

合·育平台的建立，使导师工作由原来的手册记载转变为移动端数字化记录，系统化完善了学生成长档案。导师通过平台实时更新学生基本信息，在手机上就可将师生谈话、师生同餐、导师家访等照片便捷上传，师生互动痕迹更直观，大大缩减导师工作记载时间，提高工作效率和育人成效，让导师从日常事务性工作中解放出来，更加有精力开展“四导”核心育人工作。同时，家长还可以在平台对学生参加各项活动进行评价、提建议，搭建起“家校协同育人”渠道，共同促学生健康成长、全面发展。

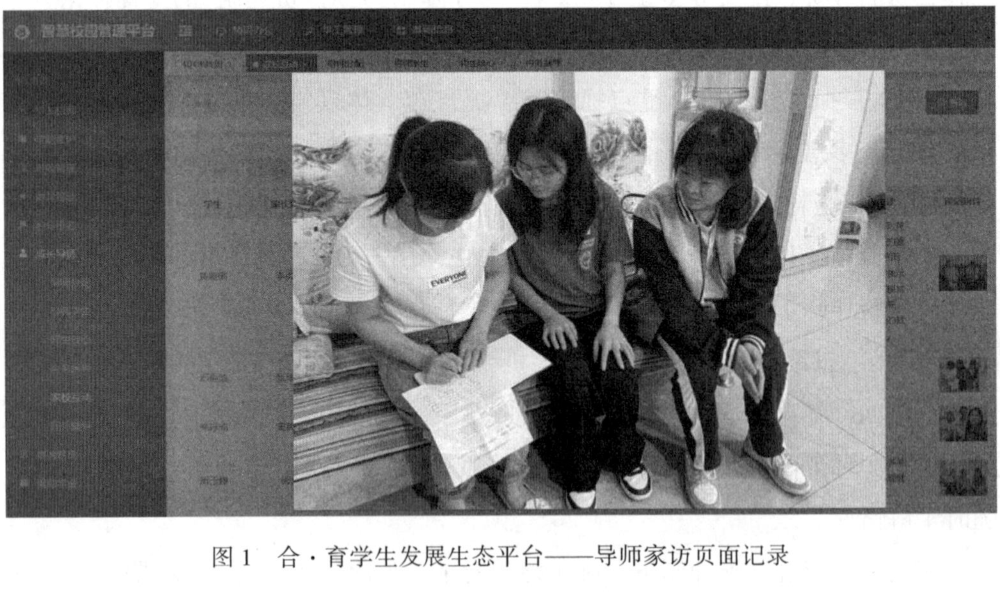

图1　合·育学生发展生态平台——导师家访页面记录

图 2　合 · 育学生发展生态系统平台

图 3　合育学生发展生态平台移动端登录、学生信息界面

“合·育”学生发展生态系统平台的全面运营，解决了“三全育人”不好落地、不留痕迹、不易呈现等问题，使学校育人工作更有温度、立德树人更有厚度、人才培养更有高度，助推学校高质量跨越式发展。

二、教师代表：我们要做学生的亲人

在教师代表座谈会上，十多位青年教师代表分别介绍了他们实施导师制的体会。因为是实际做过的事情，老师们讲的案例都很生动，发言一个比一个精彩。

服装专业教师付彦静说，导师制融洽了师生关系，老师不再是居高临下的说教者，而是学生的朋友和参谋，与学生平等相待、坦诚相处，呵护学生身心健康，陪伴学生健康成长。

语文教师刘胜东说，从 2012 年开始，学校每年都要组织关于“学生成长导师制”的研讨，不断地完善工作方案。导师的任务是全方位的，我把握的三大重点是学业指导、信心培养和理想培育。中职生的文化基础弱一点，我特别注重帮助学生树立信心，取得了明显效果。

汽修专业教师牛日雪说，开始，我总认为所有的问题都出在学生身上。后来通过家访，理解了学生的困难，认识到学生的问题，根子出在家庭。我现在能站在学生的角度思考问题。例如有一名学生，常常缺课，家访后得知他的父母在南方打工，他要照顾生病的祖父祖母。在这种情景下，我们必须体谅学生，帮助他们克服生活中的困难。

数学教师陈淼说，我理解，学生导师就是一座桥梁，是处于学生与班主任之间的桥梁。导师要有宽阔的眼界，要让学生委屈的时候找得到人可以倾诉。

服装专业教师傅彦静说，我特别注重与学生打成一片，和学生同吃一餐饭，同演一台节目。学生在文体活动中爆发出很大的潜力。良好的师生关系改变了学生，也改变了教师。在我主导的实操课上，学生非常认真。

电器专业教师杜利红说，关注、关心学困生特别重要。作为导师，我要求自己走进学生家中，走进学生心中。在家校共育方面，我用心作了探索。

汽修专业教师于新刚说，担任导师，必须学会向学生交心，取得学生的信任十分关键。按照学校的规定，我每月两次走进学生寝室，更加关心留守学生，关心特殊家庭出身的学生。

英语教师夏欣怡说，作为导师，我经常向学生宣讲职教政策，让学生看见希望，看见美好的未来。我经常组织学生唱歌，让学生有更多的机会展示才艺。

班主任文曼说，我特别注意班主任与学生之间的沟通，因为这可以帮助化解矛盾。有一名学生，被班主任误解了，学生委屈，找到我诉说。我和他深谈、表扬他，同时也指出他的问题，鼓励他主动找班主任谈心，效果很好。

汽修专业教师宋友成说，导师一定要让学生感觉亲切，达到“亲其师，信其道”的效果。大部分学生家长在外地打工，我们的学生太缺乏关爱。我们当导师的，头等大事就是真诚关心学生，细心爱护学生。

青年女教师杨格格就是在这所学校成长起来的，后来又去读了大学，大学毕业后来到这所学校当老师。她的故事很有意思：

> 我叫杨格格，2012 年就读于当阳市职业技术教育中心，入校那年正是学生成长导师制开始实施的第一年。“导师制”见证了我的成长，我见证了“导师制”的蓬勃发展。
>
> 因为各种原因，我在中考时没有考出理想的成绩，来到当阳市职业技术教育中心就读，当时的大环境下，人们对于职教是有偏见的，我也会有这样的看法，总觉得会比普高的同学低一等，那时候，我穿校服跟他们一起走时不敢抬头，在校的学习生活也因此受到了影响。
>
> 我的导师卢春玲老师发现了我的异样，卢老师也是我的数学老师，每周三下午的课外活动，卢老师就会让我去她办公室，我以为卢老师会跟我谈心，我正愁要怎么跟老师交流的时候，卢老师却跟我讲起了我的数学作业。她说：“格格，你作业完成得还是不错的，但是还有需要注意的……”在这个过程中卢老师丝毫没有谈关于我心理状态的问题，但是我却感觉我的信心倍增，有了努力的方向，有了新的希望。
>
> 高三时，刚考完技能操作考试，进行第一轮文化课复习，数学成绩一直靠前的我，每次考试的成绩却总是像坐过山车一样，时高时低，不能稳定下来，跟班主任还有其他老师都交流过，但还是没有找到问题所在。这个时候

我又想起了卢老师，想了很久，还是决定去找卢老师聊一聊，在此之前，都是老师找我，第一次主动找老师，还是有点不知所措，但是当我敲响卢老师办公室的门，听到“请进”两个字的时候，内心突然变得宁静。

看到我的到来，卢老师并没有我想象中惊讶，而是让我先坐，并接过我手中的卷子，认真地看了起来。“格格，你看，你的基础知识很扎实，但是没能结合起来……”卢老师细心地跟我分析起来。在那之后，我找到了合适的学习节奏，以理想的成绩考入了武汉商学院，继续学习计算机。

在大学期间，大一下学期的一节课后，我收到了一条短信：“大学生活如何？还适应吗？”换了手机，一时半会儿没有反应过来是谁，后来才知道，是我的导师——卢老师，我非常讶异，能在大学收到高中老师的关怀，高兴之余，我也和卢老师聊了聊大学的生活。

正因为如此，在大一的时候，一个种子就已经在我心里种下，我也想要成为卢老师这样的老师，陪伴帮助像我这样的学生，那个时候我就想到要回到母校，让更多像我这样的学生重拾信心，找到自己的目标，并为之奋斗。

在大学毕业以后，我成功考入母校成为了一名教师，同时也是学生成长导师制的一名导师，我也开始学着卢老师的样子，继续陪伴着我的学生，我想这也是薪火相传的一种方式。

学生座谈会，有 9 位学生代表参加。专家组要求他们每个人讲有关导师制的一件事，5 分钟左右。这些学生的面带微笑，发言非常朴实。

2020 级护理 2 班吴佳鑫说：

我的导师是王东芳老师，同时也是我的班主任，她虽然不教我专业课，却对我的专业成绩很关注。有一段时间，我的操作成绩很差，导致我对操作没有信心，在练习中无法进入状态，整个人特别沮丧。王老师发现我情绪低落，开导我，把我的情况跟专业课老师说明，她和专业课老师共同分析解决我的问题，她们的方法对我很有作用，我的操作一次比一次好，最终在考前进入状态。

2021 级加工模具 1 班李络琦说：

我的导师是刘乐老师，他既是我的导师也是大赛指导老师。刘老师每月都会对学生进行家访或电访，了解我在家状态和生活习惯等。导师在生活上指导的同时也会对我们进行学业上的辅导。我从高一接触数控综合应用时就颇感兴趣，但是有段时间产生了懈怠和惰性思想。数控加工要求严谨的态度，刘老师在这方面一直对我进行积极引导，当我马虎时，他会及时指出，认真讲解，告诉我，作为机械人要有严谨细致的态度。有一天，刘老师将我叫去聊半个小时："如今有个机会，或许这不是你人生最好的选择，但这也许是你人生道路上一个新的起点，过几个月就有一场宜昌市比赛，对你自己也是一种磨炼，愿不愿意参加?"我从未参加过任何比赛，错过这个机会的话或许一辈子都会遗憾，所以我决定参加比赛。很荣幸在比赛中获得二等奖并拥有省赛资格，紧接着高二的省赛集训也慢慢拉开序幕，在这期间出现的任何问题刘老师都会耐心教导。在刘老师和我们的共同努力下，我荣获省赛一等奖，获得了专业课满分。刘老师就好比宽广而熠熠生辉的康庄大道，指引着我们走向辉煌的殿堂。

有一个人在我们迷茫困惑时给我们指明方向，在学习上给予我们帮助是我们的缘分，把握这种缘分就是把握住了我们自己的人生方向，为自己心灵点上一盏明灯。

2020级护理2班李园园说：

我的导师是王香兰老师，我的英语成绩特别差，尝试了很多方法都提升不了，有时有问题想去请教老师，但又担心老师会认为这种问题过于简单或幼稚，因此不会为我解答。直到有一次我鼓起勇气向王老师请教，她细心又详细地为我解答疑问，并且告诉我如何运用正确的方法来弥补英语这一学科，如拓展英语词汇量，强化语法等，现在我的英语成绩算不上特别优异，但相比之前，成绩的确进步了许多，每每向她提问时，她都敬业地将她所有的知识倾教于我。

2020级加工模具1班石忠洪说：

我的导师是李泽清老师，他也是我高一时的实训专业老师。李泽清老师和蔼可亲，仔细细心。有一次实训，李老师把我单独叫了出去，说：我昨天去你家家访了，你的家庭条件有点不好，不过你不要抱怨，要通过自己的努力改善自己的家庭，改变自己的人生。但也不要考虑太多，你当下的目标是努力学习，考上一个好的大学，提升自己的价值，将来才有更好的作为，才能为家庭做贡献。还有，你个子不太高，不要产生自卑心理，要接受自己的外貌，因为这都是父母带给你的最好礼物。做最好的自己，积极乐观地生活。看着像爷爷般的李老师，我的心结解除了，不好的情绪随之消散。之后，我有什么忧愁就会找李老师谈谈，倾诉我的烦恼分享我的快乐。李老师也经常关心我的学习和生活状况。

2020 级高管班张传娇说：

我很开心在高中三年拥有一个照顾我的导师。我的导师是焦春雨老师，升入高三，学业压力大。有时许多的情绪无法释放，只能积压在心中，我看起来很活泼，但是很不好意思找老师。

有一次，我因考试成绩不理想，心情非常差。她好像看出了我心情不好，试着询问我，我因心情不畅并未给予回答。但焦老师并未放弃，课后她再次将我叫到办公室聊天，我向她袒露了心声。她耐心地安抚着我的情绪，细心地开导我，让我豁然开朗。此后，她一直关注着我的学习情况和情绪，时常找我谈心，让我减轻不小的压力。我很感谢她！

2021 级汽修 3+2 班郭仁杰说：

我的导师是谭威老师，他也是我的班主任。他如同海上的灯塔指引着我，不让我迷失茫茫大海。我性格较为急躁，是谭威老师磨平我的性情，学会耐心处事。

记得那是一次上体育课和同学打乒乓球的事。天气很热也很晒，本身心情不是很好的我与同学发生了争吵；谭威老师及时发现并阻止了我们。那天谭威老师批评了我的莽撞，谭老师教导我："你是读书人，同时也是一个好学生，将来也要成为一个顶天立地的男人，不应该因为一些小事对同学出手。"我向同学道歉并握手言和。

从那以后我时刻谨记谭威老师的教导，和同学关系越来越好，遇到事情也能很好地处理。老师，是您的话让我沉稳，渐渐成熟；谢谢谭老师，您对我的教导就是那迷航中的灯塔。

2020级机模电汽班陈子康说：

俗话说：一日为师，终身为父。在我们成长道路上总会有良师益友帮助我们。这足以说明一个好老师的重要性。

在这蝉鸣的季节，我遇到了良师，我的导师，张浩老师，他同样也是我的专业老师。他对我的学习上提供帮助，会关注我的身心健康，会对我进行家访，关注我的家庭情况。

令我印象深刻的是，在学校的运动会上，我想要尝试3000米的长跑，但怕自己跑到一半便跑不下去了，是他鼓励我说："你现在年轻，怕什么失败，有失败你才能深刻，也不要怕丢人，你有勇气跑3000米就已经非常好了，好多人都不敢跑。"正是有他的鼓励，我才能鼓起勇气参加。到了比赛当天，我还看到他来操场，在我跑的时候，还给我打气，令我没想到都是，我竟跑了个第六名的名次，虽然不是最好但对于这样的成绩我已经很满足了。

他不仅会鼓励我，还会严格要求我，在星期三的时候，我还在寝室里打扫卫生，突然听到一个声音，我下意识转头向门口望去，他说来看看我搞得卫生怎么样，说完便进来检查我的床铺，看到我叠的被子他笑着说，你这被子叠的还不行啊，说完他便动起手一步步教我如何叠好被子，直到看着我的被子叠得像块豆腐一样，这个习惯一直陪伴着我。

我的导师虽然在学习上对我非常严格，但是在生活上对我无微不至，就像我的朋友一样，是我人生道路上的引路人。

2021 级电商班杨梦婷说：

我的导师是霍峰老师，我与导师相识在高一，我的学习成绩不太理想，但才艺方面比较突出。霍老师常常找我谈话，了解我的家庭情况、学习生活及交友情况等，尤其在学习方面，霍老师在专业上给予我指导，使我的学习成绩不断提升。在指导我学习的同时，他也鼓励我发挥自己的特长，在去年晚会前夕将班级策划节目的重任交给了我，我不太自信，生怕弄不好节目或者弄出来了节目效果却不好，霍老师就不断鼓励我，并且积极帮助我协调，指导我从哪些方面入手，如何带好这个小团队，最后在霍老师的指导和团队同学的共同努力下，我们的节目取得了非常好的效果。

2020 级电气汽修 1 班袁泽阳说：

高中三年，导师对我的帮助颇多，了解我的家庭情况，关心我的学习与生活，开导我的心理，使我的性格有了很大的改变。

高一刚开学的时候，别看我人高马大，其实我是一个内心较为内向的人，不敢参加任何班级事务、活动，直到我的导师对我进行引导。

我的导师是刘乐老师，他也是我的班主任，担任双重身份，也能更加顺利地开展导师活动。在刘老师发现我较为内向但能够快速融入班集体，做事细心认真后，他找我谈话问我愿不愿意担任班长，锻炼一下自己。刚开始我并不太敢管理纪律、处理班级事务，但当刘老师教了我很多管理班级的方法后，使我的管理能力不断提高，处理班级事务越发游刃有余，慢慢让我变得更加主动、开朗，直至高三，我依旧担任班长一职，并且每年都会获得“优秀班干部”这一荣誉。在高一年级的六月时，我也主动报名参加了校运动会的铅球这一赛项，刘老师指导我如何投掷，最终荣获了二等奖，这也使当时的我更加自信。

这些学生的谈话都很实在，他们的言谈举止都透出对学校管理的理解与认同，对自己的前途也非常自信。看上去非常阳光。他们对老师的评价让人感动！

三、分享优秀校友的成长与成功

在当职的电子平台收集有数十位已经毕业的优秀校友升学就业创业的典型案例，作为增强学生走技能立身、技能报国道路的教育资源。

2012 级服装班学生庄静雯，考上武汉职业技术学院后，仍然勤奋学习理论知识和实践操作，获得第 44 届世界技能大赛湖北省选拔赛时装技术一等奖。如今在武汉某服饰公司担任童装设计师。

2015 级电气班学生刘洛言，考上了武汉铁路职业技术学院，现就职于中国铁路武汉局集团有限公司。入路伊始，在条件艰苦的宜万线上工作，肩负着责任感和使命，每一刻都尽职尽责从不讲苦讲累，不折不扣地执行接触网检修标准。作为一名刚入路的新工，仅仅半年的时间就有幸荣获宜昌综合维修段供电接触网技能比赛第三名。

2018 级车工班毕业生陈文涛，现就职于华中科技大学文华学院，任文华学院机械与电气工程学部智能制造工程实训创新中心教师；期间获“一带一路”暨金砖国家技能发展及技术创新大赛优秀指导教师，所带学生获该赛事全国一等奖一项，全国二等奖两项；获全国工程创新与劳动教育大赛暨第二届“清华工匠大赛”校外邀请赛优秀指导教师，所带学生获全国二等奖。他表达了对当职导师制深深的感激之情：

> 目前我已大学毕业在高校任职，成为了一名大学老师，成为一名老师后才发现，原来中职时期各位老师的培养给我人生路上铺上了一层厚厚的地基。初入当阳职校，我作为一名中考“落榜生”心情沉闷。第一任班主任是邓广清老师，他鼓励我说：人生有许多路，走哪条路都是你自己的选择，你现在已经踏上了你人生中的第一个选择，后面有许多岔路口，你的努力、付出将决定你以后的路。这句话我记忆尤深。高二阶段班主任赵荣林老师也对我帮助极大，可以说给我的学习能力安装上了“马达”。赵老师采用的是“鼓励+嘲讽”的教学方式，课堂中极其幽默。每当我考数学满分总是会奖励我

拿他的饭卡去学校食堂吃饭，不是说饭菜多贵，赵老师的饭卡可不是谁都可以拥有的(据我了解，仅有我与张闯劲龙同学有此殊荣，张闯劲龙同学已从湖北理工学院本科毕业，目前已入伍成为了一名光荣的人民解放军)。我在校团委任团委学生副书记，陈小贝老师和程园老师带着我搞活动。我也乐此不疲，因为总能在活动中学到课堂上学不到的东西。三位老师从知识、组织协调、为人处世三个方面鼓励、鞭策着我，使我能在高中阶段不断进步、不断成长。

岳联合老师算是我又爱又怕的老师，因为岳老师是我母亲的老师，同时也是我的老师。在他眼中我还是有很多改进的地方，他总是要我不要太浮躁，也总是鼓励我下次会很好；岳老师总能在我最迷茫的时候给我指明方向，帮助我改掉了坏习惯，许多老师都对我帮助很大……如果没有成长导师们的帮助，我不会有现阶段微小的成果！

四、家长们对“导师制”普遍好评

家长娄雅林说，自己的女儿叫刘雪柯，是护理班的。当初中考失利受到很大打击，几个月都沉默寡言。刘黎明老师多次鼓励雪柯，想方设法疏导心理，终于使雪柯重拾信心和勇气，变得开朗起来。后来考上了湖北民族大学。

一位名叫席小华的家长说，导师制不仅是关心学生的成绩，而且关心学生的品德与为人。他儿子席威仪是计算机专业的，担任班长。因为班级管理的事情与另一位同学发生冲突，学生科科长陈卫红及时赶来制止了冲突。他请来双方家长，教育学生，作为男子汉要讲文明讲道理。“君子动口不动手!”打架斗殴是违反公共秩序的行为，在众人面前会造成蛮横无理、缺乏教养的坏形象，造成人身伤害的要承担法律责任，对双方、班级、家庭、社会，都只有百害而无一利。要学会控制情绪，经过教育，两位同学握手言和，后来也没有发生影响同窗友谊的事情。

五、当阳市教育局分管领导：学生成长导师制是德育工作的好抓手

当阳市教育局党组副书记许成同志表示，目前，教育局发文在全市中小学推广学生成长导师制。成长导师制是德育工作的好抓手：

一是找到了一条立德树人的有效路径。真正做到了“浇花浇根，育人育心”。从情感上心灵上建立了师生交流的渠道。在育人机制上实现了全员育人。

二是将常规工作做到极致。其作用效果不断彰显。学校办学水平不断提升，综合评估居于宜昌市首位，进入全省中职前列。以前学校招生需要走乡串户挨个动员，学生流失率高。现在招生需要中考上线，每学期从外校转入数十人，都愿意回来就读，导师制自然成了一个品牌。

三是成就了老师。在担任学生成长导师以后，老师们也把握了学生的心理特征，知道了学生的家庭成长环境，懂得如何与学生交流沟通，育人能力不断增强。一批青年教师迅速成长为优秀骨干教师。

六、调研组的专家学者：此次调研收获满满

教育部学校规划建设发展中心课程建设协同创新中心秘书长张振笋说：用脚思考，用脑袋走路。问题导向，实践反思，当阳市职教中心人理论与实践相结合，以行动方式不断回答“学生成长导师制”的诸多理论问题。

湖北省学校文化研究会副会长黄兴国先生说：当阳市职教中心的导师制是真抓实干的导师制，实施了 10 年，注重实践，特色鲜明，效果显著。

华中师范大学向三久教授评价说：当阳市职教中心的导师制是德育工作的大胆创新。导师制遵循了教育的基本规律，非常符合当阳市中职学生的实际情况。这些学生，农村家庭背景的多，离异家庭背景的多、留守儿童背景的多，他们与城市的学生的思想文化基础还是有一定差异的。这一部分学生更需要教师的关

爱、激励。导师制是对德育“大锅饭”情况的改革、完善，“大锅饭”德育照顾了普遍性，突出了“面”，但往往不是“一把钥匙开一把锁”，而“导师制”可以。“导师制”是“三全育人”的有力抓手，而且导师制把学校、家长、社会联系起来，形成教育合力，达到立德树人的效果。

武汉大学夏建国教授说，观看了学校的导师制宣传片，听取了学校领导的介绍，感到如浴春风。建议将导师制研究的课题申报到国家级课题的层面，在更大平台上交流。

（**张爱群**，华中师范大学学校文化研究中心研究员）